W0266192

THE BOXER

Scénario, dessin : JIHUN JUNG
EP01 - EP53 : Pen Touch 2020 / Coloring YOO-DAM OH, JING-JING / Editing HWA-NA-JJEONG

KOYOHAN

HUM ?
C'ÉTAIT UNE NUIT CALME OÙ L'ON N'ENTENDAIT NI BRUIT D'INSECTE, NI ABOIEMENT, NI BAVARDAGE.

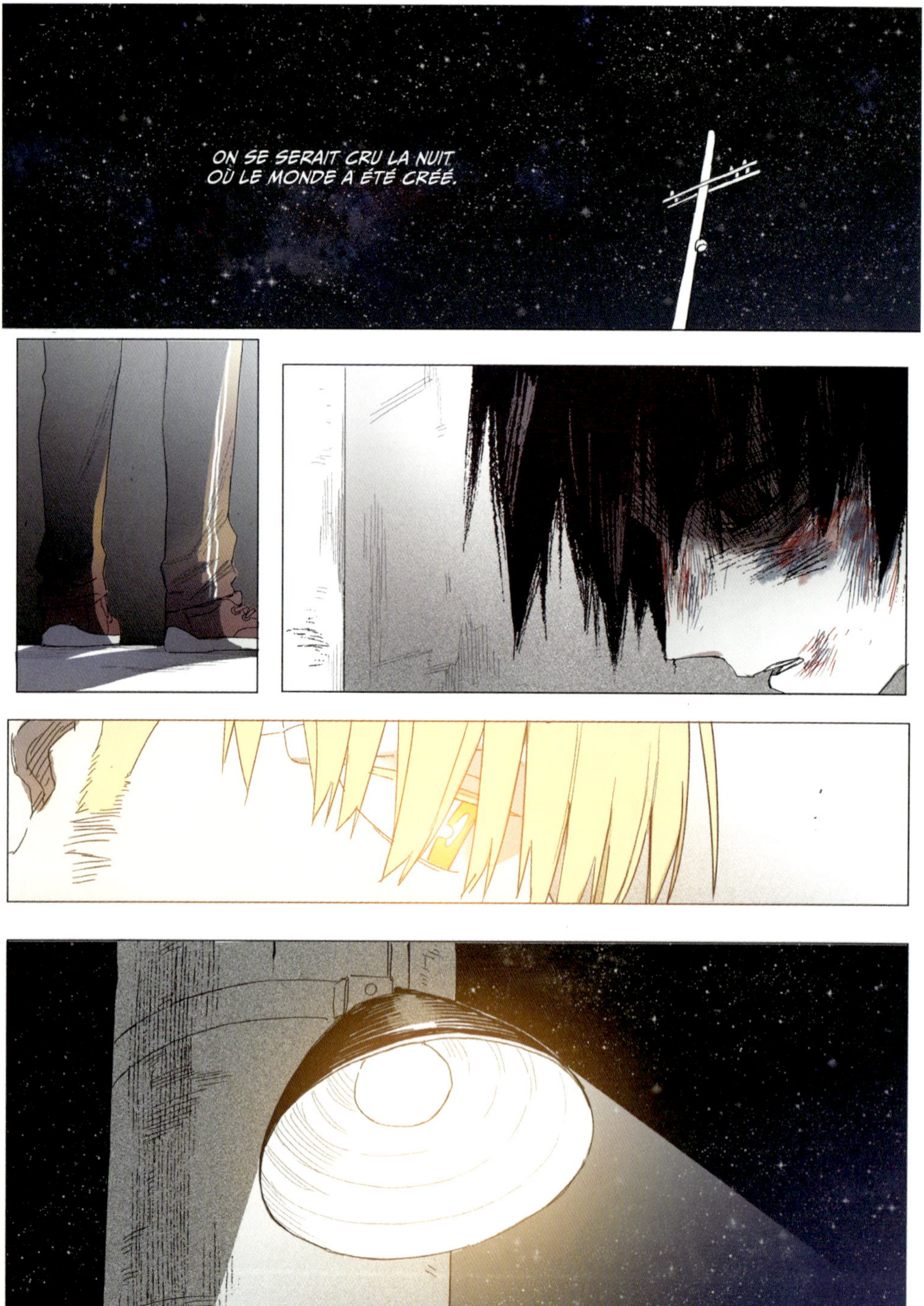
ON SE SERAIT CRU LA NUIT
OÙ LE MONDE A ÉTÉ CRÉÉ.

PETIT !
ON DIRAIT QUE LE MONDE T'EN A FAIT VOIR DE TOUTES LES COULEURS !
JE VAIS TE DIRE QUELQUE CHOSE DE BIEN.
GRAVE-LE DANS TON CŒUR !

TOUTES CES ÉTOILES NE BRILLENT QUE POUR TOI.

PETIT,
ON SE REVERRA...

QUAND TU SERAS
DEVENU...

PLUS FORT !

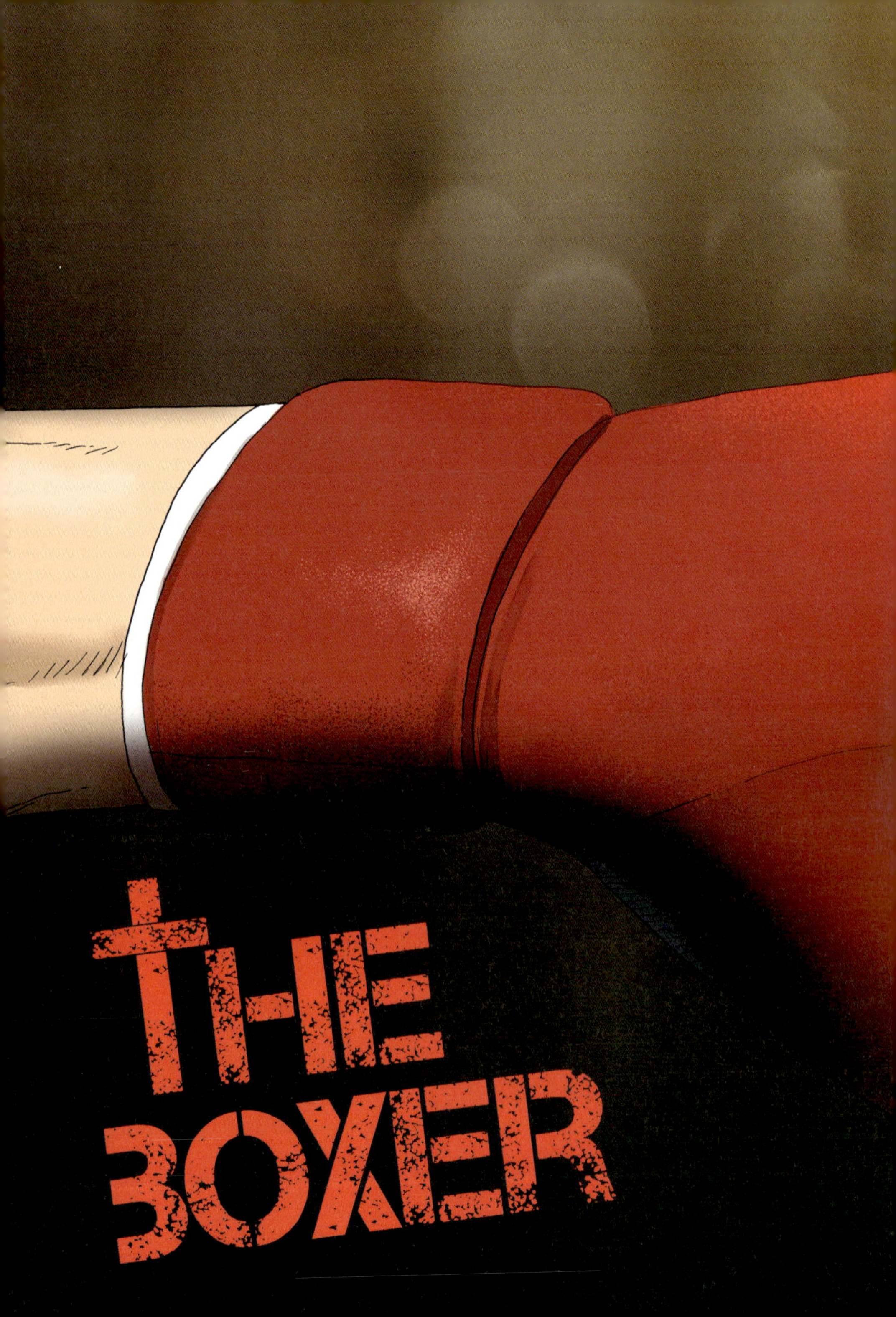
THE
BOXER

SOMMAIRE

CHAPITRE 1 - LE GÉNIE

Bam bam bam
Bam bam bam
Tap tap tap tap
Bam
HÉ, TU VOIS L'HOMME À CÔTÉ DU DIRECTEUR ?
MAIS NON...
SI, JE CROIS BIEN QUE C'EST LUI.
LE DIRECTEUR AVAIT DIT QUE C'ÉTAIT UN AMI... IL NE PLAISANTAIT DONC PAS ?
J'AI ENTENDU DIRE QU'IL PARCOURAIT LE MONDE À LA RECHERCHE DU DERNIER SPORTIF QU'IL FORMERAIT.
K., LE LÉGENDAIRE ENTRAÎNEUR QUI A FORMÉ CINQ BOXEURS CHAMPIONS DU MONDE.

Hum ?
HÉ ! REPRENEZ L'ENTRAÎNEMENT AU LIEU DE REGARDER !
Zoup
Zoup

Bam
...!
C'EST BAEK-SAN RYU, L'ÉTUDIANT DONT JE VOUS PARLAIS LA DERNIÈRE FOIS. IL EST ARRIVÉ ICI IL Y A DEUX SEMAINES À PEU PRÈS. COMMENT LE TROUVEZ-VOUS ?
Hum.
ENFOIRÉ !

Tchac
Bam
Bam
HNG, IL NE FAIT QUE S'AMUSER. JE NE PEUX GUÈRE VOIR CE DONT IL EST VRAIMENT CAPABLE.
J'AIMERAIS BEAUCOUP LE VOIR AFFRONTER LE BOXEUR LE PLUS FORT D'ICI.
LE BOXEUR LE PLUS FORT ?

CHEOL-I, LE DIRECTEUR TE CHERCHE.
HM… CE SERAIT INTÉRESSANT DE LES VOIR S'AFFRONTER, OUI, MAIS EST-CE QU'ILS N'APPARTIENNENT PAS … À DEUX CATÉGORIES DE POIDS *DIFFÉRENTES* ?
CHEOL-I EST QUAND MÊME CLASSÉ TROISIÈME EN POIDS MI-LOURDS…

CHEOL-I (26 ANS, 75,8 KG), CLASSÉ TROISIÈME AU RANG NATIONAL EN POIDS MI-LOURDS. *TALMO
VOUS ME CHERCHIEZ ?
HEIN ?
OH, CHEOL-I.
EST-CE QUE CE SERAIT VRAIMENT K ? JE LE VOIS ENFIN EN VRAI, ÇA DÉCHIRE !
Hum...

*LE CHAUVE.

MODÈRE TES COUPS AVEC LE PETIT.
OUAIS...
DOUCE-MENT !
TU NE METS PAS DE CASQUE ? QUE COMPTES-TU FAIRE SI JE N'ARRIVAIS PLUS À CONTRÔLER MA FORCE ?
NAN, ÇA M'ÉCRASE LA TÊTE... EN PLUS, ÇA PERMET DE RAJOUTER DE LA TENSION.

JE VAIS REMETTRE DE L'ORDRE DANS TES CHEVEUX EN BATAILLE.
COOL, MERCI.
Paf
M... MAIS...
QU'EST-CE QU'IL FABRIQUE ?

IL A APPRIS DES TRUCS TROP BIZARRES.
HÉ, TU ES FOU OU QUOI ? METS-TOI EN GARDE !
UN ENFANT VA MOURIR AUJOURD'HUI.
J'APPELLE UNE AMBULANCE...

Fsh
Fsh

HO HO, IL VA ENFIN MONTRER SA VÉRITABLE NATURE.

JE NE PEUX TOUJOURS PAS OUBLIER LE CHOC QUE J'AI EU...
QUAND JE L'AI RENCONTRÉ.
IL AVAIT DES MOUVEMENTS QUE JE N'AVAIS JAMAIS VUS AUPARAVANT : IL EST D'UNE TOUTE AUTRE CLASSE.
LA BOXE SUIT MON RYTHME.
EST-CE QU'IL NE SUFFIT PAS DE BOUGER ?
UNE ÉTRANGE LIBERTÉ...
QUE JE N'AVAIS JAMAIS VUE.

J'AI SU DÈS LE PREMIER REGARD
QUE C'ÉTAIT UN PRODIGE.

*NDT : COUP DE POING DESCENDANT, PLACÉ EN HAUT DE LA GARDE. ICI, LE COUP VIENT DE DROITE.

BOUM
MONTRE-MOI...

CE "TALENT"...
INCROYABLE QUE TU AS !

TU... TU AS VU ?
IL S'EST PLIÉ POUR S'ÉCHAPPER EN BONDISSANT.
C'EST LE FAMEUX MOUVEMENT DONT JE PARLAIS...!
WAOUH. IL Y A VRAIMENT DES GENS QUI RESTENT DEBOUT APRÈS AVOIR ENCAISSÉ CE COUP ?
EN FIN DE COMPTE...
TU PEUX TE BALADER AVEC TES CHEVEUX EN BATAILLE.
MERCI.
HNG. JE SAVAIS QU'IL ÉTAIT LOIN D'ÊTRE UN DÉBUTANT, MAIS JE NE M'ATTENDAIS CERTAINEMENT PAS À ÇA.
MAIS IMPOSSIBLE DE DÉCEVOIR NOTRE SPECTATEUR VIP.
JE VAIS TOUT DONNER !

POUM

VOUH
Boum
Bam
Bam
SES MOUVEMENTS SONT TROP LARGES.

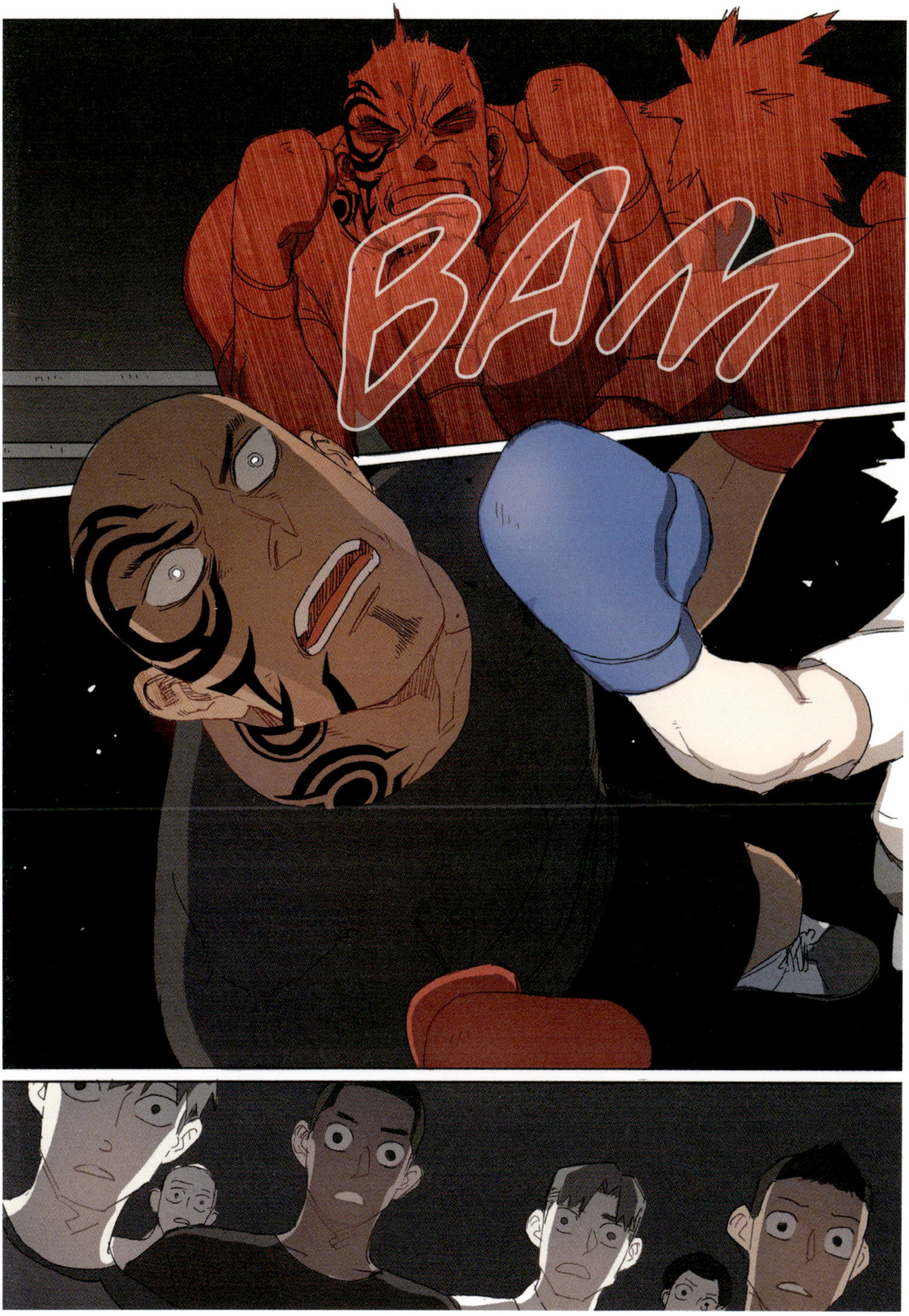
BAM

*NDT : COUP DE POING REMONTANT.

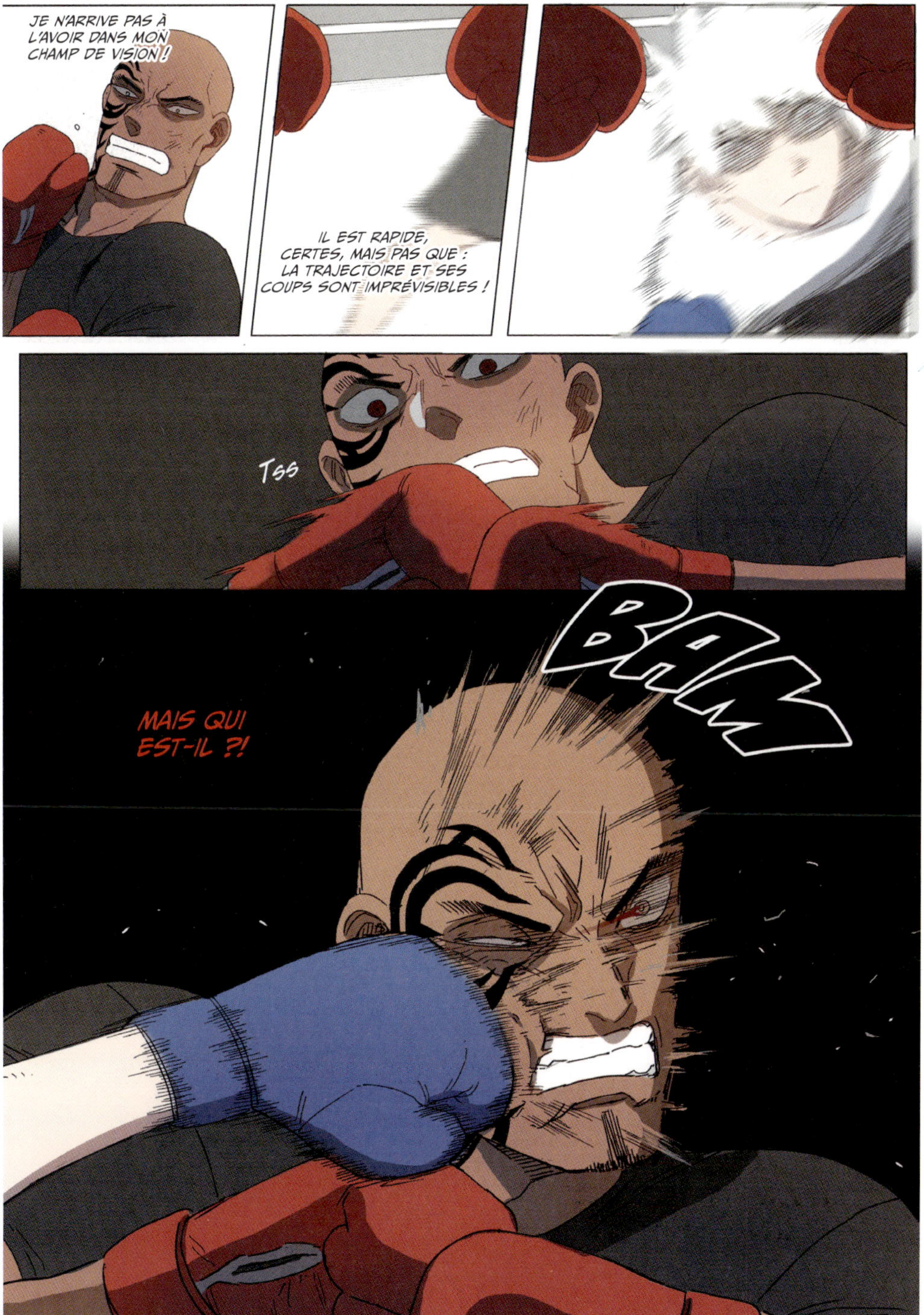
JE N'ARRIVE PAS À L'AVOIR DANS MON CHAMP DE VISION !
IL EST RAPIDE, CERTES, MAIS PAS QUE : LA TRAJECTOIRE ET SES COUPS SONT IMPRÉVISIBLES !
TSS
BAM
MAIS QUI EST-IL ?!

SA TONICITÉ ET SA SOUPLESSE INCROYABLE...
LUI ONT PERMIS D'ESQUIVER DES COUPS NORMALEMENT IMPOSSIBLES À ÉVITER ET D'ATTAQUER LIBREMENT SON ADVERSAIRE.
IL A MÊME CHANGÉ SON UPPERCUT EN UN OVERHAND.
EN PRINCIPE, LE FAIT DE CHANGER UNE TECHNIQUE EN UNE AUTRE...
NE FAIT QUE BAISSER L'ÉNERGIE DE CETTE TECHNIQUE ET LE COUP NE VAUT RIEN MAIS...
SA TONICITÉ ET SA SOUPLESSE L'ONT AIDÉ À ASSURER SON COUP.
C'EST TOUT LE CONTRAIRE D'UNE FEINTE. MÊME POUR UN BOXEUR EXPÉRIMENTÉ IL EST DIFFICILE D'ÉVITER UN COUP DONT LA TRAJECTOIRE A DÉLIBÉRÉMENT ÉTÉ MODIFIÉE. NON, C'EST PARCE QU'IL S'AGIT D'UN BOXEUR D'EXCEPTION. IL A SU S'ADAPTER RAPIDEMENT À SON ADVERSAIRE ET L'AUTRE A ÉTÉ INCAPABLE D'ÉVITER L'OVERHEAD.
CE QUI VEUT DIRE QUE SA BOXE EST...
LIBRE !

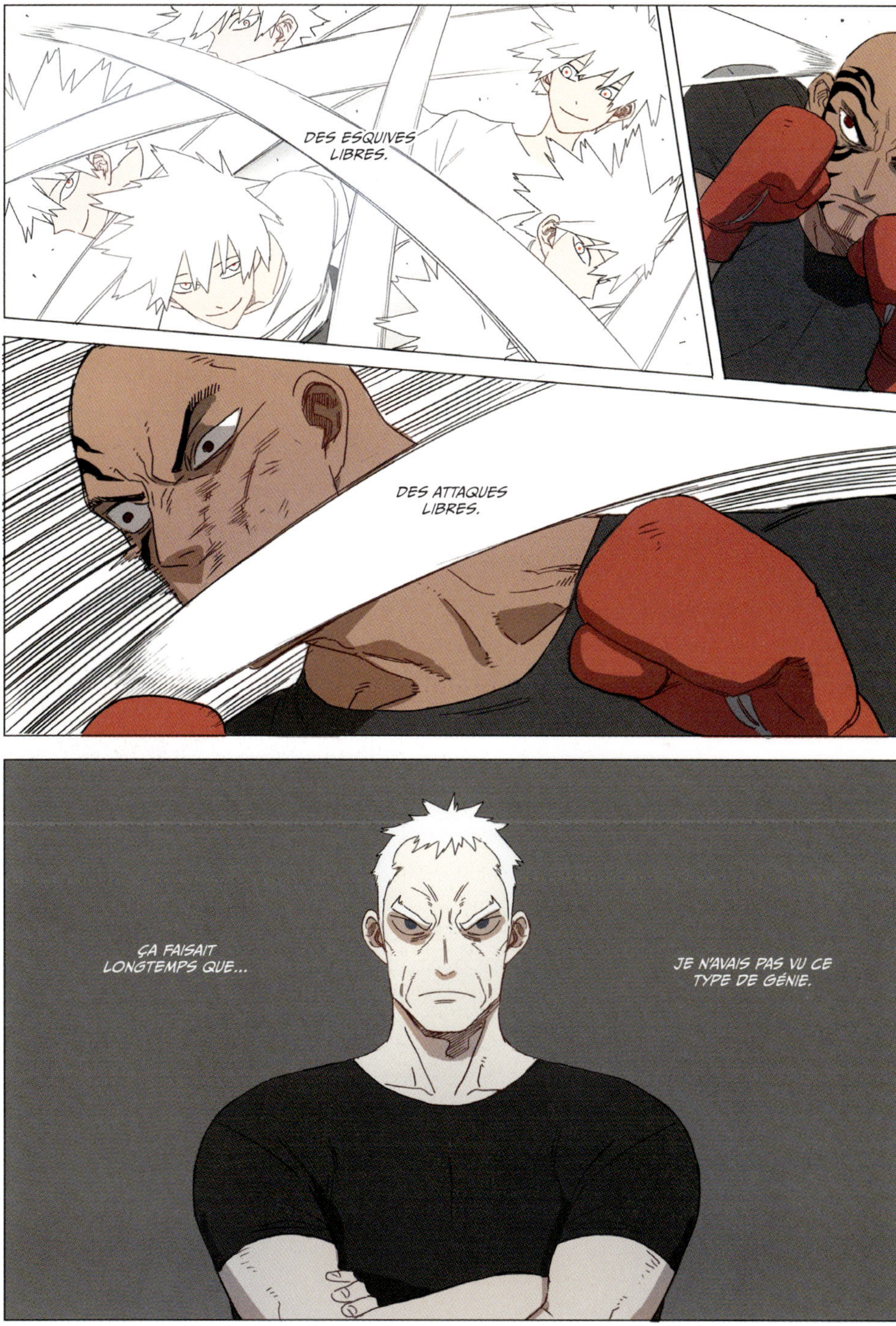
DES ESQUIVES LIBRES.
DES ATTAQUES LIBRES.
ÇA FAISAIT LONGTEMPS QUE…
JE N'AVAIS PAS VU CE TYPE DE GÉNIE.

Haf
Haf
MAIS VOILÀ QUE J'EN AI UN JUSTE SOUS LES YEUX...

ET SON TALENT SEMBLE ÊTRE UN CADEAU DU CIEL.

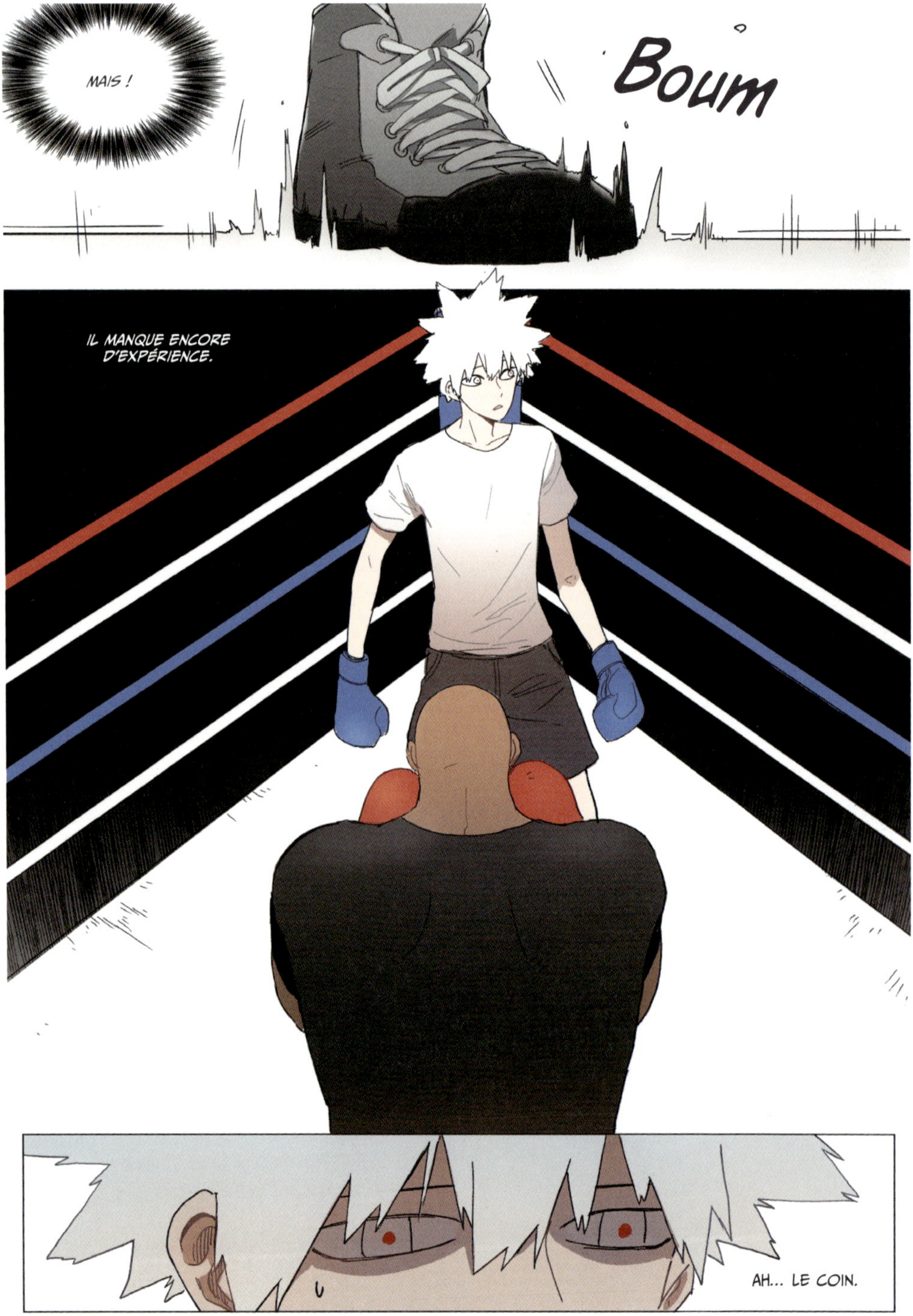
MAIS !
Boum
IL MANQUE ENCORE D'EXPÉRIENCE.
AH... LE COIN.

Dang
HÉ ! JE T'AVAIS DIT D'Y ALLER MOLLO !
SI ON NE S'ÉTAIT PAS TROUVÉS SUR LE RING...
TU M'ÉCOUTES ?!
TU... TU NOUS FAIS TA CRISE D'ADO OU QUOI ?!
Tss.

BOXE
JE N'AURAIS JAMAIS PENSÉ QUE LE GAMIN AUX CHEVEUX BLANCS SERAIT AUSSI FORT.
ON DEVRAIT LUI DEMANDER UN AUTOGRAPHE, NON ?
C'EST LA PREMIÈRE FOIS QUE JE VOIS CHEOL-I AVOIR AUTANT DE MAL DANS UN AFFRONTEMENT.
COMMENT TROUVEZ-VOUS BAEK-SAN ?
Hum.
IL A DES PRÉDISPOSITIONS QUI POURRAIENT LUI PERMETTRE DE DEVENIR UN BOXEUR DE LÉGENDE.
IL PEUT UTILISER SES CAPACITÉS PHYSIQUES INNÉES COMME IL LE SOUHAITE, D'AUTANT PLUS QU'IL A UNE CONFIANCE DÉBORDANTE ET UNE MISE EN PRATIQUE AUDACIEUSE. PERSONNE N'A DÛ LE LUI ENSEIGNER ET POURTANT, IL A UN STYLE PARTICULIER DE BOXE. C'EST UN PRODIGE TRÈS TALENTUEUX.
IL A QUAND MÊME DES MOUVEMENTS INUTILES ET INEFFICACES MAIS C'EST CE QUE LES SPECTATEURS AIMENT EN CE MOMENT. IL A TOUT D'UNE VEDETTE.
IL EST VRAIMENT TALENTUEUX.
JE COMPTAIS VOIR ENCORE BEAUCOUP D'ENDROITS MAIS CE N'EST PEUT-ÊTRE PLUS LA PEINE.
Bam
Bam
Hein ?

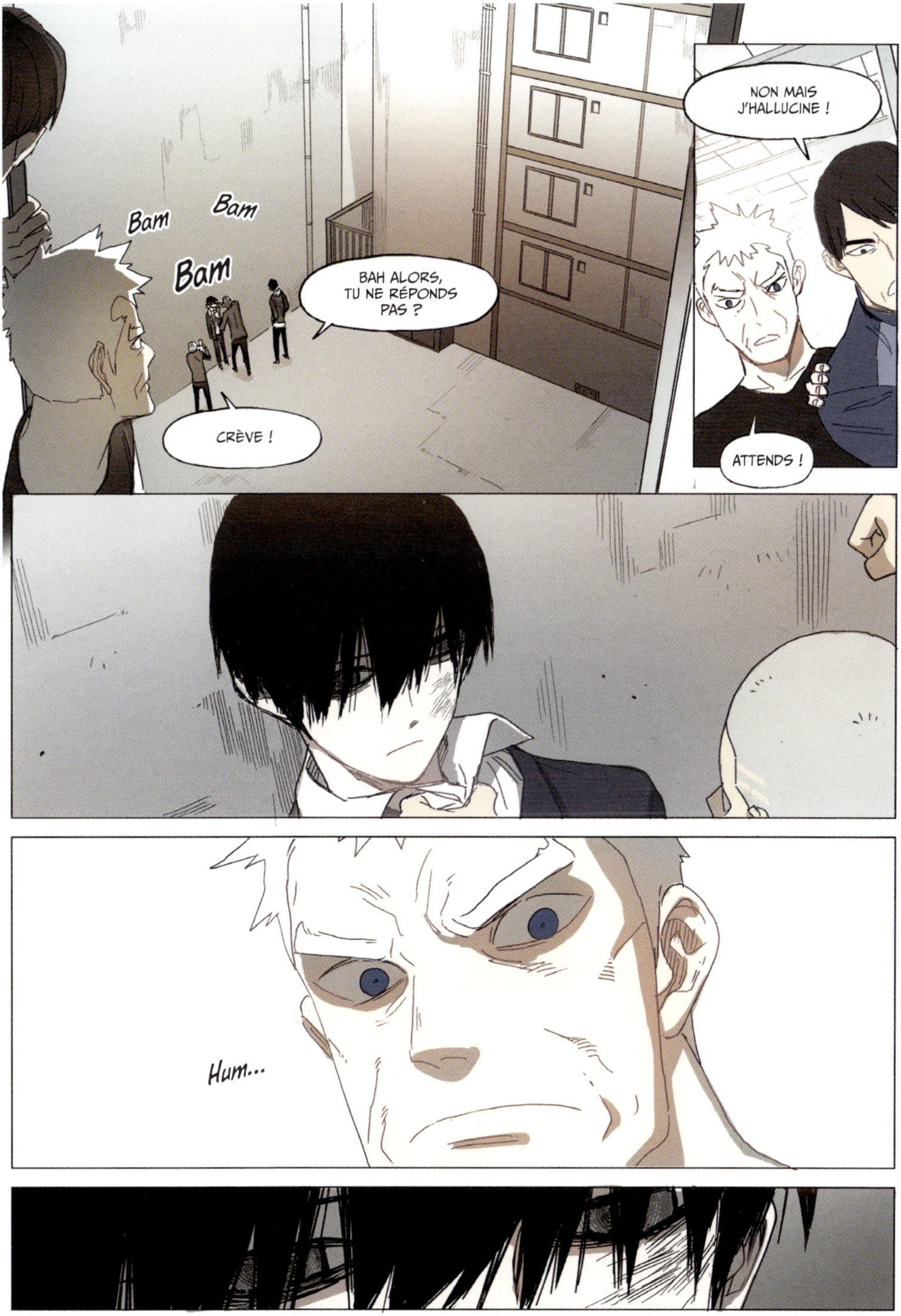
Bam
Bam
Bam
BAH ALORS, TU NE RÉPONDS PAS ?
CRÈVE !
NON MAIS J'HALLUCINE !
ATTENDS !
Hum...

C'EST ÉTRANGE.

CHAPITRE 2 - LE SIGNE

Gzz

IL NE SERAIT QUAND MÊME PAS...

JE DESCENDS !
OH, PROFESSEUR !
ÇA SUFFIT MAINTENANT.
C'EST QUI CES VIOCS ?
HÉ, SI VOUS NE VOULEZ PAS QU'ON VOUS TAPE...
CE N'EST PAS COMME ÇA QU'ON POSITIONNE SES FESSES !
Tap
Tap
LES JEUNES DE NOS JOURS N'APPRENNENT VRAIMENT RIEN. À MON ÉPOQUE...

POURQUOI N'AS-TU PAS ESQUIVÉ ?

TU M'AS DONNÉ L'IMPRESSION QUE TU POUVAIS FACILEMENT ÉVITER LES COUPS DE MERDE DE CES GAMINS.
DE... DE MERDE ?!
S'IL S'AVÈRE QUE J'AI RAISON...
MÊME LES COUPS DE POING D'UN VRAI PROFESSIONNEL...
C'ÉTAIT JUSTE...
CHIANT...

Fsh
VOUS VOYEZ, ÇA NE SERVAIT À RIEN DE NOUS ARRÊTER, VOUS AVEZ VU À QUEL POINT IL EST MAL-POLI ?!
IL NE SALUE MÊME PAS SES AÎNÉS.
POURQUOI NE PAS M'AVOIR SALUÉ, ALORS, HEIN ?
Argh !
J'AI ENVIE DE TESTER.

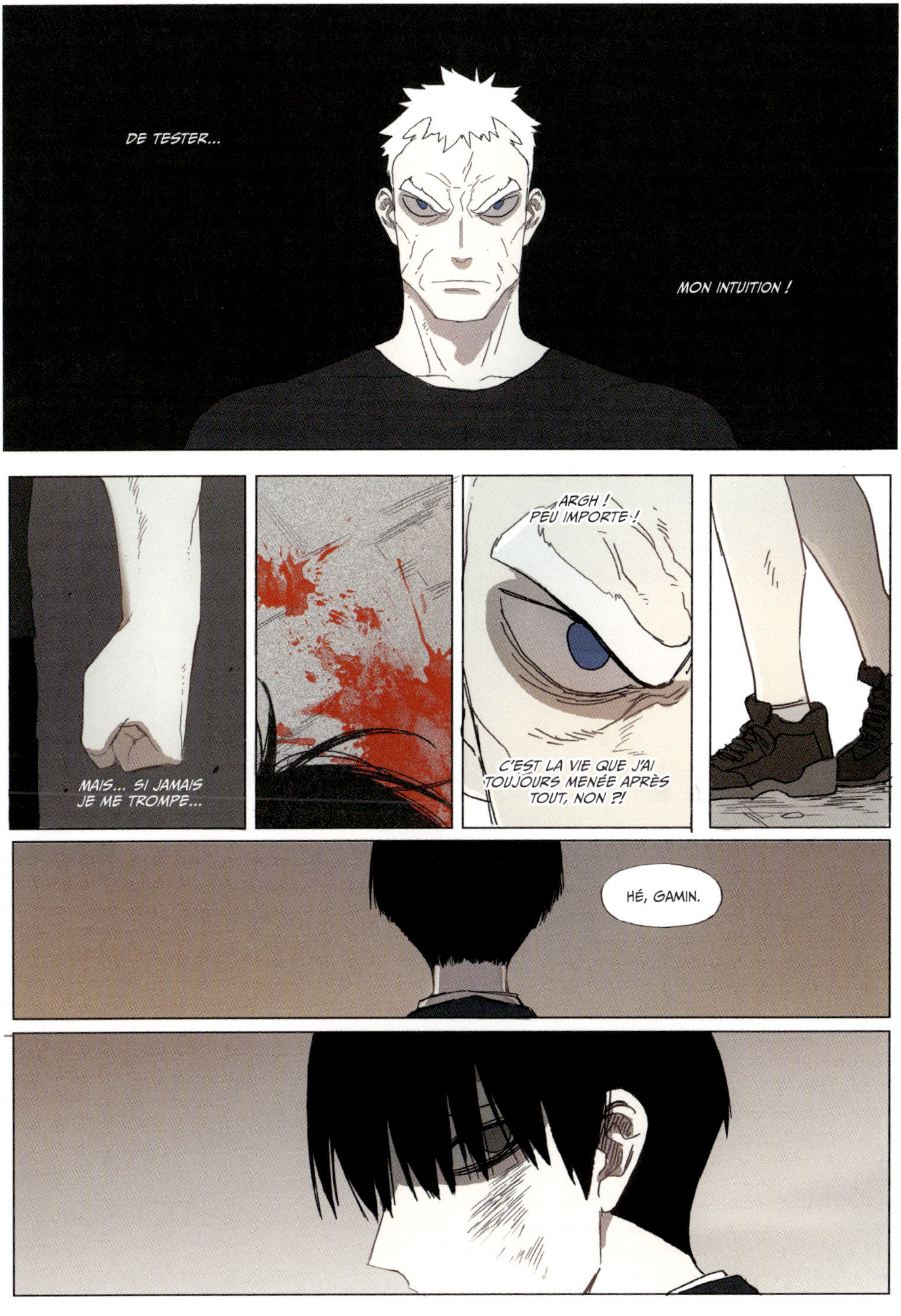
DE TESTER...
MON INTUITION !
MAIS... SI JAMAIS JE ME TROMPE...
ARGH ! PEU IMPORTE !
C'EST LA VIE QUE J'AI TOUJOURS MENÉE APRÈS TOUT, NON ?!
HÉ, GAMIN.

PRO... PROFESSEUR ?!
LA BOXE ...
ÇA T'INTÉRESSE ?

IL N'EST PAS INTÉRESSÉ.

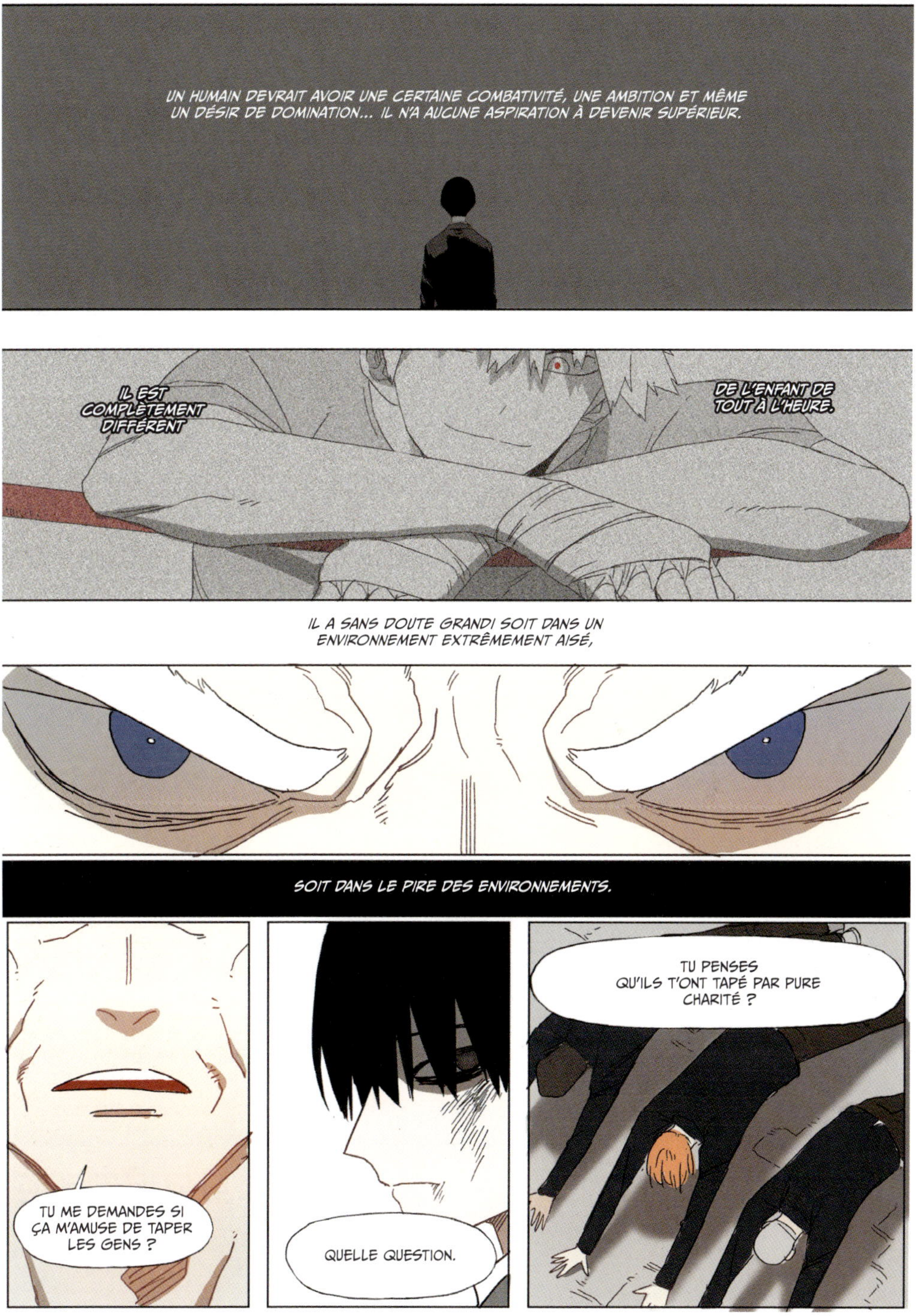
UN HUMAIN DEVRAIT AVOIR UNE CERTAINE COMBATIVITÉ, UNE AMBITION ET MÊME UN DÉSIR DE DOMINATION... IL N'A AUCUNE ASPIRATION À DEVENIR SUPÉRIEUR.
IL EST COMPLÈTEMENT DIFFÉRENT
DE L'ENFANT DE TOUT À L'HEURE.
IL A SANS DOUTE GRANDI SOIT DANS UN ENVIRONNEMENT EXTRÊMEMENT AISÉ,
SOIT DANS LE PIRE DES ENVIRONNEMENTS.
TU ME DEMANDES SI ÇA M'AMUSE DE TAPER LES GENS ?
QUELLE QUESTION.
TU PENSES QU'ILS T'ONT TAPÉ PAR PURE CHARITÉ ?

BIEN SÛR QUE C'EST AMUSANT. C'EST BIEN POUR ÇA QU'ON TAPE LES AUTRES.
LES HUMAINS ÉTANT TOUS FAIBLES, ILS SONT EN CONSTANTE RECHERCHE DE LA VALEUR DE LEUR EXISTENCE.
IL N'Y A RIEN DE PLUS CLAIR ET DE PLUS CONCIS QU'UN POING.

PROUVER CLAIREMENT QUE L'ON EST SUPÉRIEUR À SON ADVERSAIRE EN TANT QU'ANIMAL...
ÇA NE PEUT QU'ÊTRE AMUSANT !
LES GENS S'EXALTENT DE CETTE "CLARTÉ" !

EXPÉRIMENTE LE MONDE DANS LEQUEL TU ES NÉ !
VOIS À QUEL POINT TU ES HUMAIN !
JUSQU'OÙ TU PEUX GRIMPER !
TOUT CE QUE TU PEUX RÉALISER !

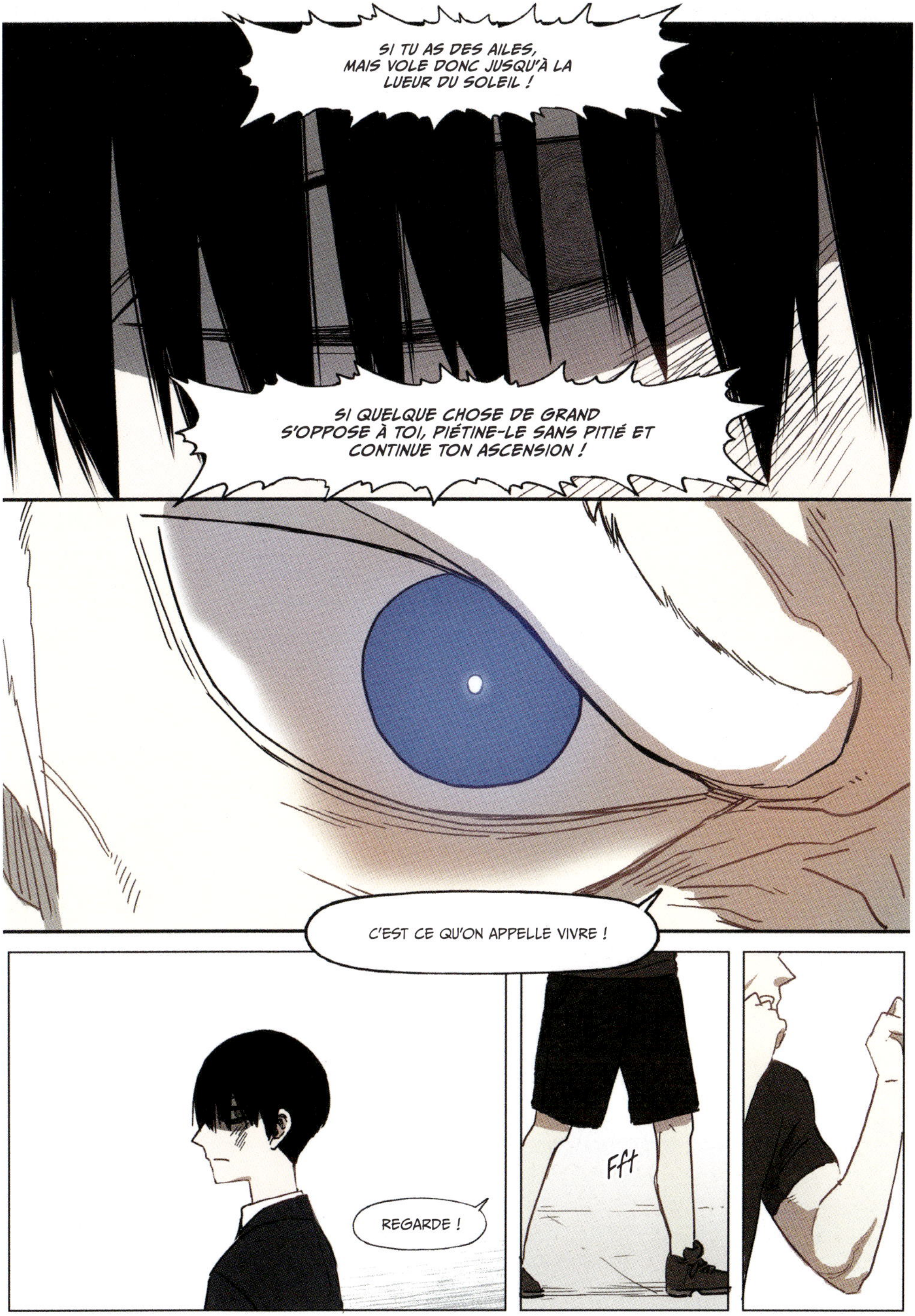
SI TU AS DES AILES, MAIS VOLE DONC JUSQU'À LA LUEUR DU SOLEIL !
SI QUELQUE CHOSE DE GRAND S'OPPOSE À TOI, PIÉTINE-LE SANS PITIÉ ET CONTINUE TON ASCENSION !
C'EST CE QU'ON APPELLE VIVRE !
REGARDE !
Fft

C'EST UN GAUCHE-DROITE.
UN MOIS.
JE TE LAISSE UN MOIS POUR REVENIR SI TU VEUX FRÉQUENTER CE GYMNASE OU APPRENDRE LA BOXE.

PRO... PROFESSEUR...
VHA HA HA, C'EST POUR ÇA QU'IL...
MAIS NON, C'EST PAS POUR ÇA !
VOYONS VOIR... UN, DEUX...

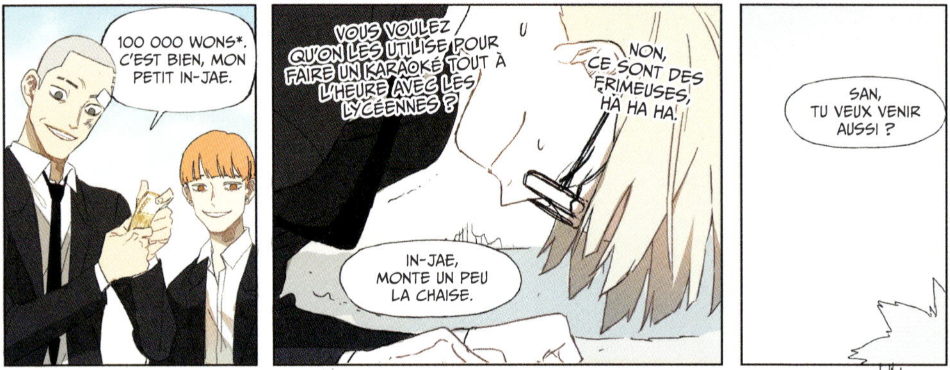

*NDT : ENVIRON 74 EUROS.

T'ES COMPLÈTEMENT CON DE ME POSER UNE QUESTION AUSSI EMBARRASSANTE.
UN VRAI HOMME SE DOIT D'ÊTRE LE PLUS FORT, ABRUTI !
QU'EST-CE QUE TU VIENS DE DIRE ?!
LE CHAMPION DU MONDE, ABRUTI.
PUTAIN, MAIS IL EN EST TELLEMENT CAPABLE.
Ha ha ha

CHAPITRE 3 - LA CONDENSATION

LE MONDE EST PEUPLÉ DE PERSONNES FORTES ET DE PERSONNES FAIBLES.
DE FAIBLES.
ET DE FORTS.

ENFOIRÉ, SALUE TES AÎNÉS. ON EST LES SEULS À SE DONNER DU MAL À CAUSE DE TOI.
MON PROF VOUS A DONNÉ UNE DE CES LEÇONS LA DERNIÈRE FOIS, HA HA HA. ARRÊTEZ DE L'EMBÊTER.
Tac
QU'EST-CE QUE TU FAIS ? C'EST L'HEURE DU DÉJEUNER, C'EST PAS DRÔLE QUAND T'ES PAS LÀ.
Sluuurp
RIEN DE MIEUX QUE DES NOUILLES POUR LE DÉJEUNER !
TU NE TROUVES PAS, IN-JAE ?
SI, SI.

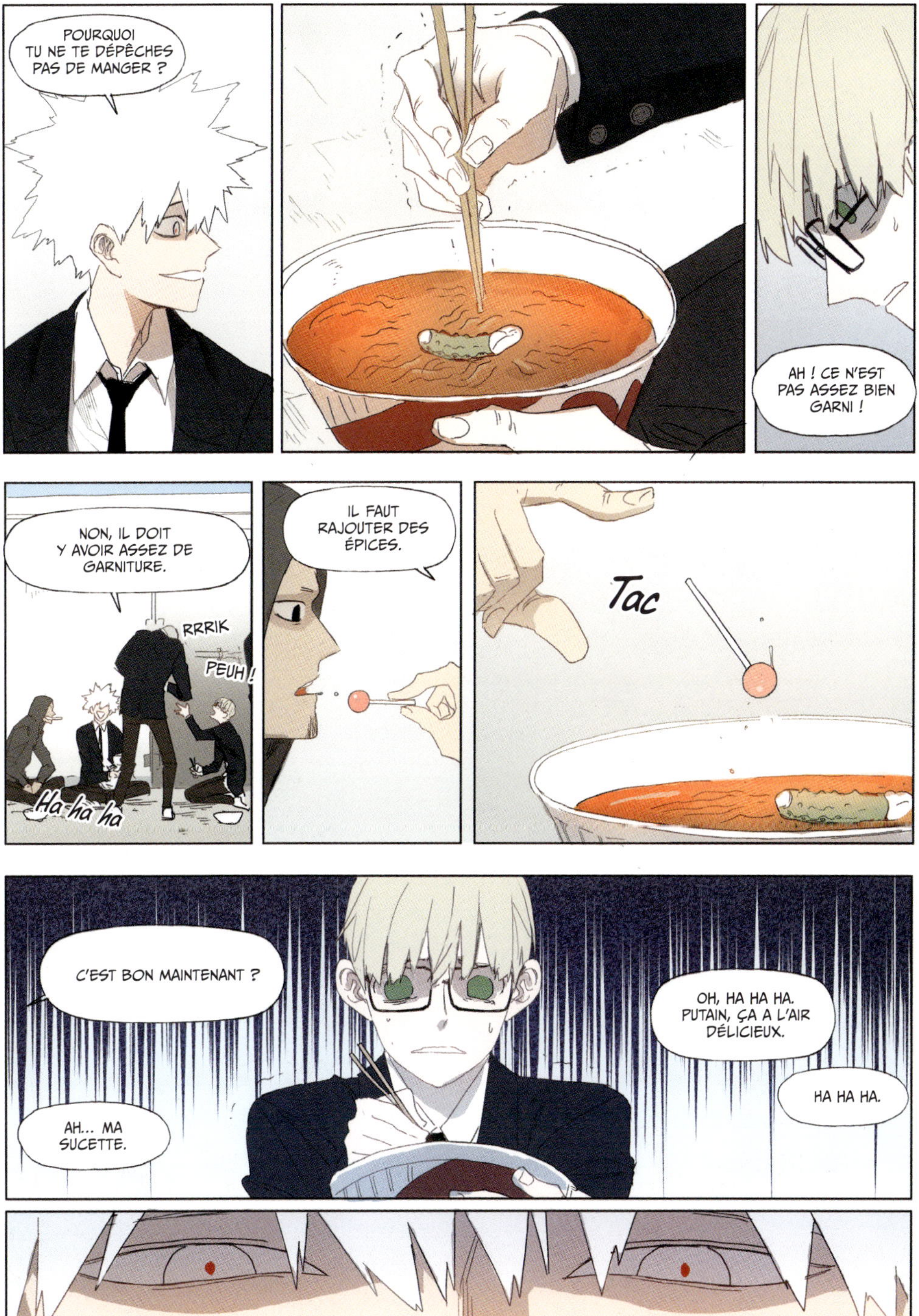

POURQUOI TU NE TE DÉPÊCHES PAS DE MANGER ?
AH ! CE N'EST PAS ASSEZ BIEN GARNI !
NON, IL DOIT Y AVOIR ASSEZ DE GARNITURE.
RRRIK
PEUH !
Ha ha ha
IL FAUT RAJOUTER DES ÉPICES.
Tac
C'EST BON MAINTENANT ?
OH, HA HA HA. PUTAIN, ÇA A L'AIR DÉLICIEUX.
HA HA HA.
AH... MA SUCETTE.

QUOI ?
IL EN MANQUE TOUJOURS ?
Sluurp
Beurk
MAIS QU'EST-CE QU'IL MANGE BIEN, MON PETIT IN-JAE. ALLEZ, MANGE, RÉGALE-TOI, HA HA HA !
AH ! MAIS IL EST DÉGUEULASSE !
PUTAIN, ON EST EN TRAIN DE MANGER !
Bleurgh
Haf
Haf

Urgh
Urgh
Fwuit
MAIS OÙ EST-CE QUE TU TIRES, IMBÉCILE ?!
LA PASSE !
HÉ, BLOQUEZ BAEK-SAN !
IL EST ENCORE PASSÉ.
MAIS COLLE-LE POUR LE BLOQUER !

HÉ, YOO, POURQUOI TU NE FAIS PAS DE SPORT ?
TU ÉTAIS FORT EN SPORT PENDANT LE CONTRÔLE CONTINU.
CE N'EST PAS AMUSANT.
JE... JE SUIS D'ACCORD.
QU'EST-CE QUE TU AIMES FAIRE ? QU'EST-CE QUE TU VOUDRAIS FAIRE PLUS TARD ?
CE QUE JE VOUDRAIS FAIRE PLUS TARD...?

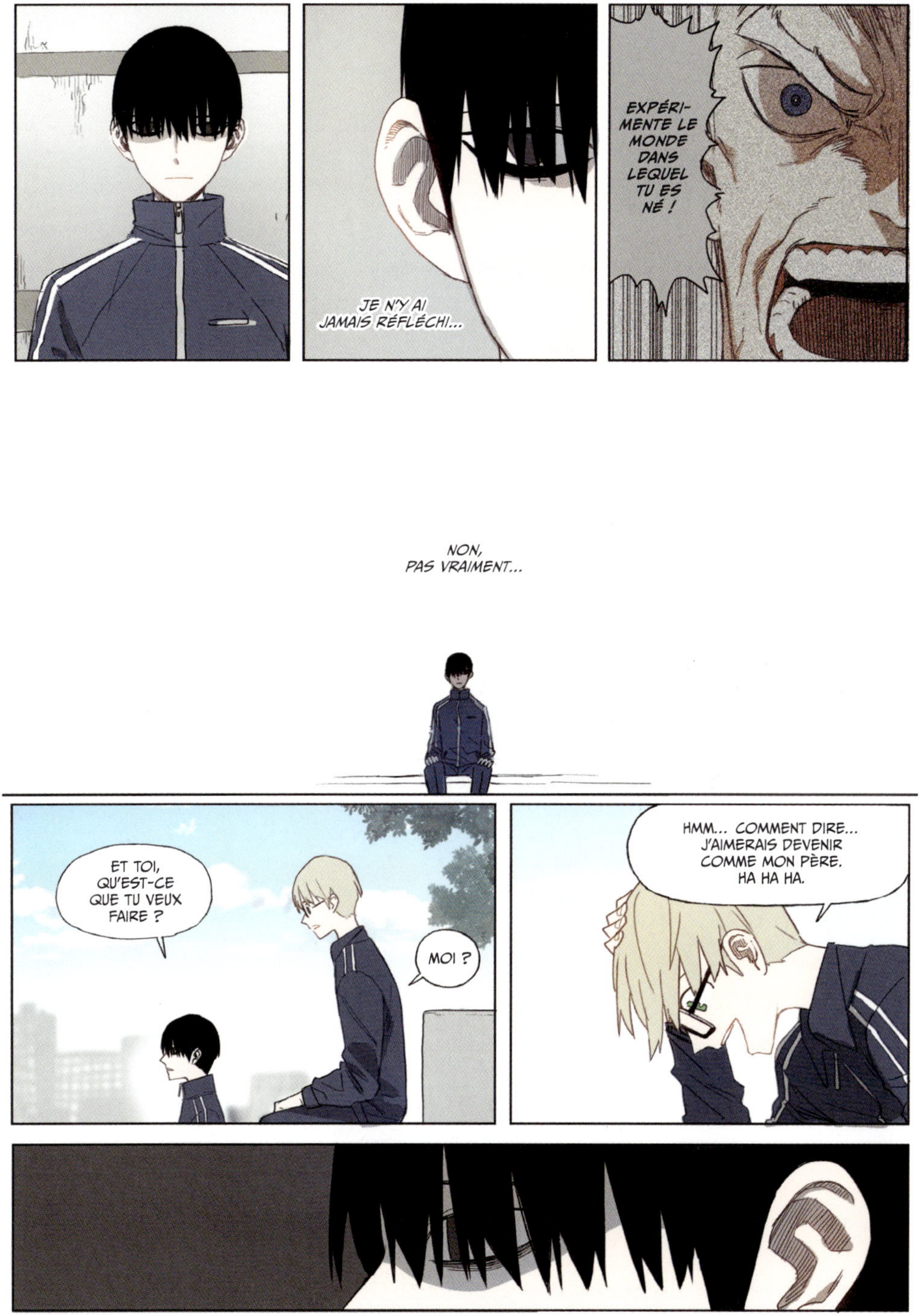
JE N'Y AI JAMAIS RÉFLÉCHI...
EXPÉRI-MENTE LE MONDE DANS LEQUEL TU ES NÉ !
NON, PAS VRAIMENT...
ET TOI, QU'EST-CE QUE TU VEUX FAIRE ?
MOI ?
HMM... COMMENT DIRE... J'AIMERAIS DEVENIR COMME MON PÈRE. HA HA HA.

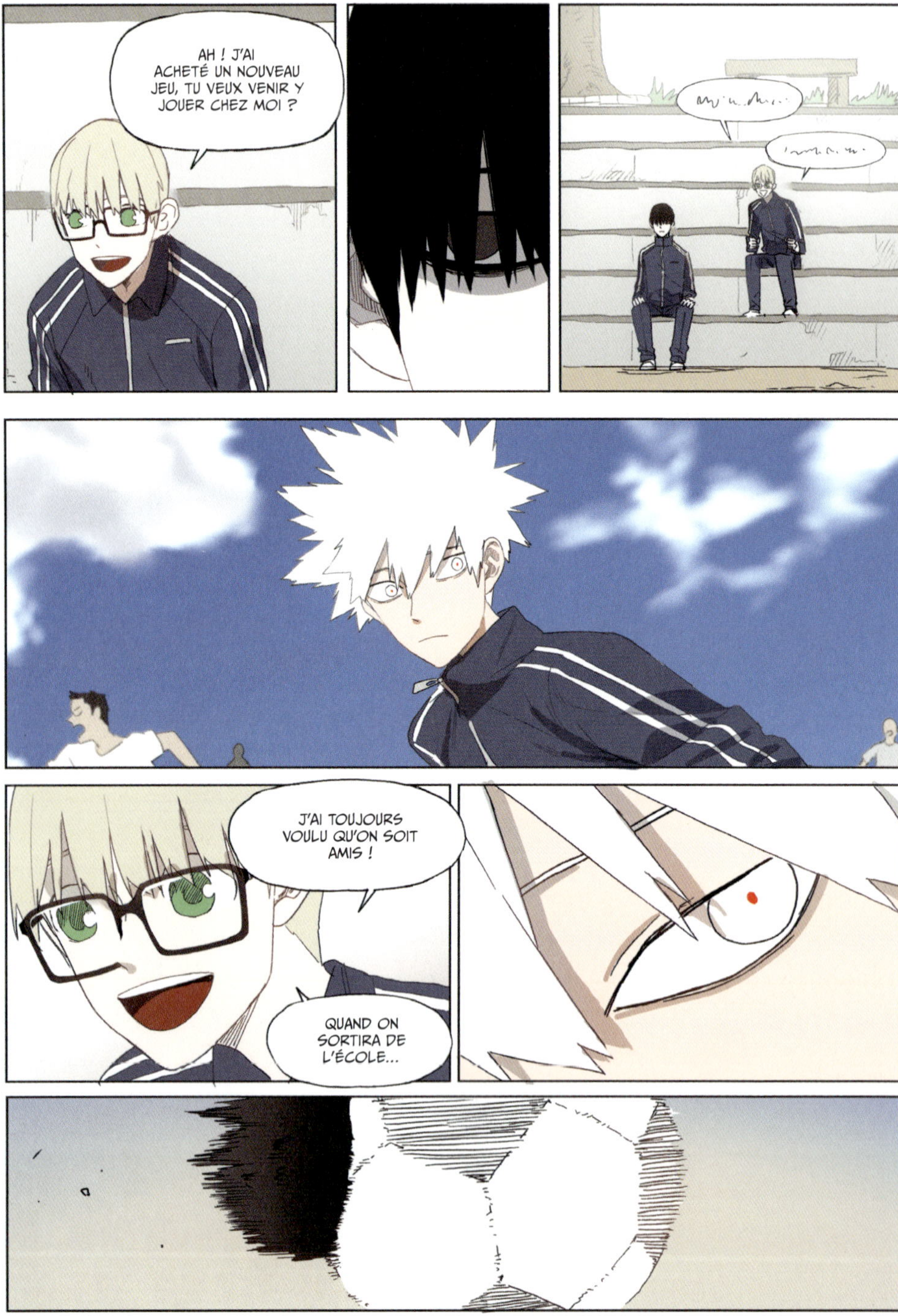
AH ! J'AI ACHETÉ UN NOUVEAU JEU, TU VEUX VENIR Y JOUER CHEZ MOI ?
J'AI TOUJOURS VOULU QU'ON SOIT AMIS !
QUAND ON SORTIRA DE L'ÉCOLE...

BANG
Tchac

Tap
Tap
QUE...
QUE...

SBAF
ENFOIRÉ, CE N'ÉTAIT QU'UNE BLAGUE.
UNE BLAGUE SE DOIT D'ÊTRE REÇUE EN TANT QUE TELLE, NON ?

SI JAMAIS TU RECOMMENCES...
JE TE TUERAI.

*NDT : COUP DE POING DIRECT DU BRAS AVANT.

Haf
Haf
JE LUI AI DIT QUE JE VOULAIS QU'ON SOIT AMIS.
MAIS JE N'AI FAIT QUE TREMBLER DE PEUR.

JE NE SUIS QU'UN IDIOT.

CHAPITRE 4 - LE CALME AVANT LA TEMPÊTE

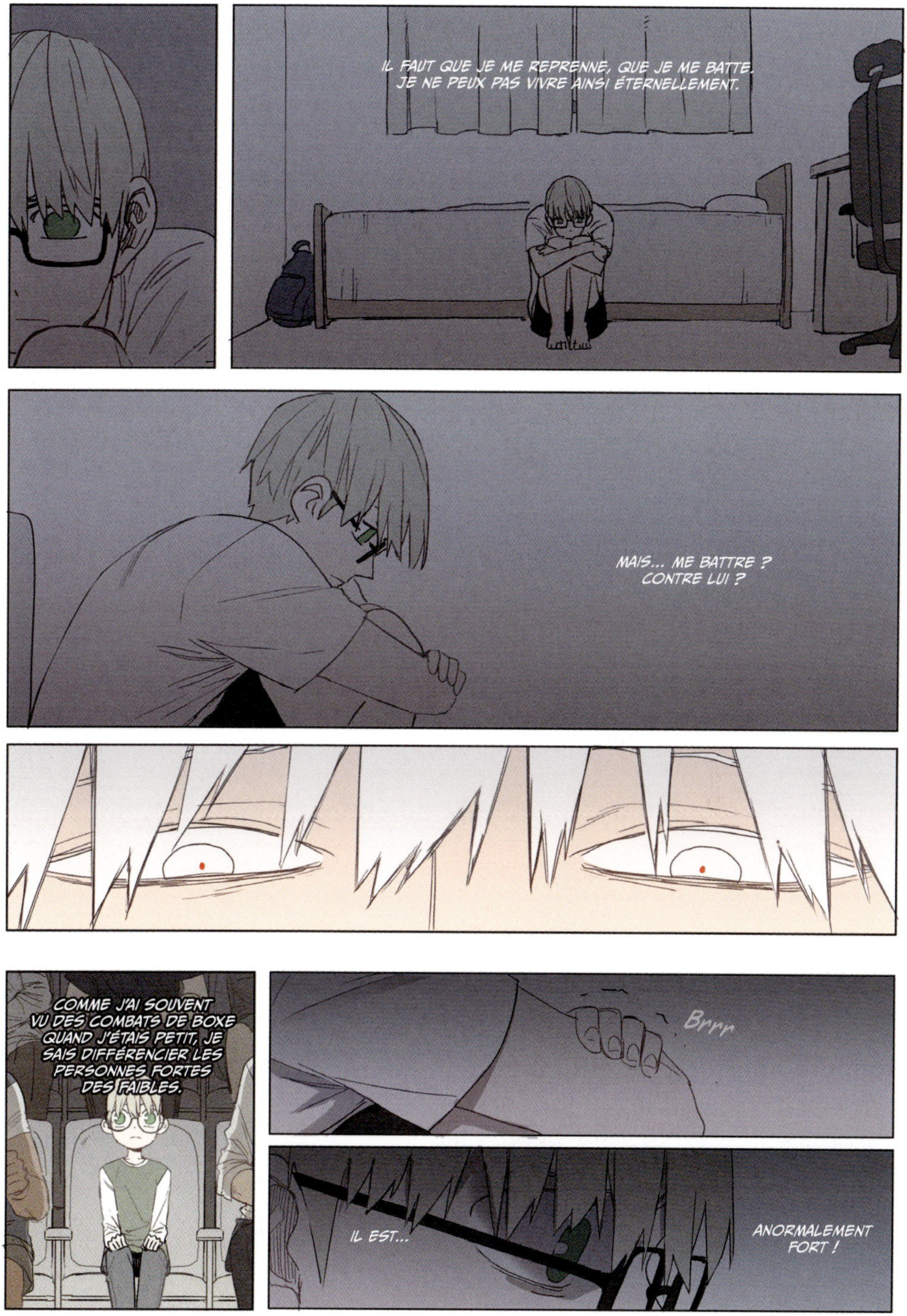
IL FAUT QUE JE ME REPRENNE, QUE JE ME BATTE.
JE NE PEUX PAS VIVRE AINSI ÉTERNELLEMENT.
MAIS... ME BATTRE ?
CONTRE LUI ?
COMME J'AI SOUVENT VU DES COMBATS DE BOXE QUAND J'ÉTAIS PETIT, JE SAIS DIFFÉRENCIER LES PERSONNES FORTES DES FAIBLES.
Brrr
IL EST...
ANORMALEMENT FORT !

Bam
Bam
IL Y A BIEN ENTENDU DIFFÉRENTES CATÉGORIES.
L'ADVERSAIRE ÉTAIT SOIT UN PROFESSIONNEL SOIT QUELQU'UN D'UN MÊME NIVEAU.
JE VOUS AVAIS BIEN DIT QUE C'ÉTAIT UN MOINS QUE RIEN.
C'ÉTAIT COMME S'IL AVAIT DÉCOUVERT SON NOUVEAU JOUET.
JE L'AI SOUVENT VU SE BATTRE ET ÇA SE FINIT TOUJOURS PAREIL.
IL A UN TALENT CONTRE LEQUEL LES PERSONNES ORDINAIRES...
NE PEUVENT RIEN FAIRE.

Criii
PAPA.
OH ! TU NE DORMAIS PAS ?
J'ALLAIS ME COUCHER.
AH LA LA.
PAPA...
QUAND TU ÉTAIS...
UN SPORTIF DE HAUT-NIVEAU ET QUE TU AFFRONTAIS UN ADVERSAIRE BIEN PLUS FORT QUE TOI...
COMMENT C'ÉTAIT ?

EN TANT QUE PROFESSIONNEL, JE FAISAIS TOUT MON POSSIBLE POUR VAINCRE MON ADVERSAIRE.
UN SPORTIF DE HAUT-NIVEAU DOIT TOUJOURS PENSER À LA VICTOIRE.
HMM... JE VOIS.
MAIS... IL Y A EU DES FOIS OÙ JE ME SUIS BATTU CONTRE DES ADVERSAIRES INCROYABLEMENT FORTS.
DANS CES MOMENTS-LÀ, PEU IMPORTE QU'ON SOIT UN PROFESSIONNEL OU NON, ON FINIT PAR ÊTRE SUBMERGÉ PAR LA PEUR.
ON NE SE SOUVIENT ALORS PLUS DE CE QU'ON A APPRIS, NOS BRAS ET NOS JAMBES SE DURCISSENT POUR FINIR COMME UN PUNCHING-BALL.
MÊME SI ON VEUT RÉSISTER, LES COUPS PARTENT TOUT SEUL ET MANQUENT LEUR CIBLE. AU FINAL, ON FINIT PAR TOMBER.
ON SE SENT BEAUCOUP PLUS À L'AISE QUAND ON EST À TERRE.
"POURRAIS-JE ENFIN QUITTER CET ENDROIT CRUEL ?"
"POURRAIS-JE ENFIN ME SENTIR MIEUX ?"
MAIS EN RESTANT ALLONGÉ, ON NE FAIT QUE SIGNER NOTRE ARRÊT DE MORT EN TANT QUE BOXEUR.

MÊME SI ON SAIT QUE LES SPECTATEURS VONT SE MOQUER DE NOUS POUR AVOIR PRIS AUTANT DE COUPS ET...
QU'ON NE PEUT PLUS RIEN FAIRE, ON FINIT PAR SE RELEVER.
C'EST LA DÉFINITION MÊME D'UN BOXEUR.
MAIS ÇA NE VAUT QUE POUR LES BOXEURS.
SI TU N'AS RIEN FAIT DE MAL, IL FAUT S'ENFUIR. ENFUIS-TOI POUR NE PAS QU'ON T'ATTRAPE À NOUVEAU.
C'EST CE QU'ON APPELLE LE COURAGE !

LE COURAGE D'UN BOXEUR
EST TOUT AUSSI REMARQUABLE QUE CELUI
D'UNE PERSONNE ORDINAIRE.

MERCI, PAPA. JE VAIS DORMIR !
Baboum
Baboum
Baboum
TU DOIS TE DÉPÊCHER DE VENIR QUAND L'ÉCOLE EST FINIE.

ALLEZ, RAMÈNE-TOI.
JE T'ATTENDAIS.
LE PROF PRINCIPAL EST TELLEMENT GENTIL QU'IL M'A FILÉ TON ADRESSE.

AH... MAIS TU N'ES VRAIMENT PAS POLI.
Bam
HÉ, DIS-MOI, TU TE BATS UN PEU ?
C'EST CE QUI ME SEMBLAIT TOUT À L'HEURE.
TU VEUX TE BATTRE ?

*NDT : ENVIRON 111 EUROS.

Peuh
CONNARD.
TU ME FAIS PERDRE MON TEMPS.

C'EST TOI,
BAEK-SAN RYU ?
JE MEURS D'ENVIE DE SAVOIR COMMENT TU TE BATS.
QUE... QU'EST-CE QUE TU FAIS ?!
Tap
Tap

Sbof

COUCOU ♥.
QUE... QUE...!
HUH.
MAIS QUEL ENFOIRÉ !

HAF
HAF
UUUURGH
OUI.
CE VISAGE !
DÉ... DÉSOLÉ, C'EST DE MA FAUTE !
JE... JE NE LE REFERAI PLUS JAMAIS...!
Urgh
Aaaaaaaaaah

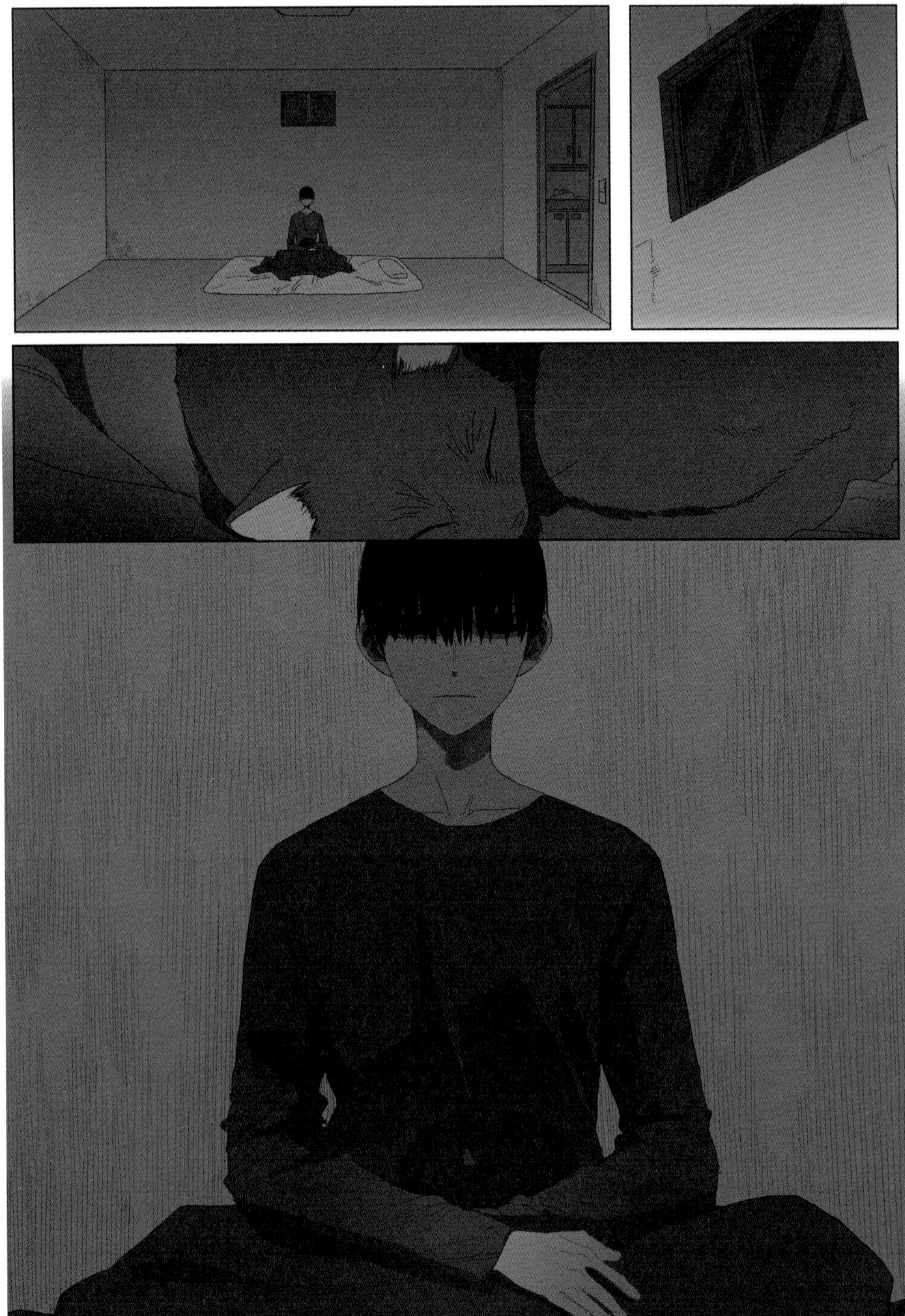

CHAPITRE 5 - LE COURAGE

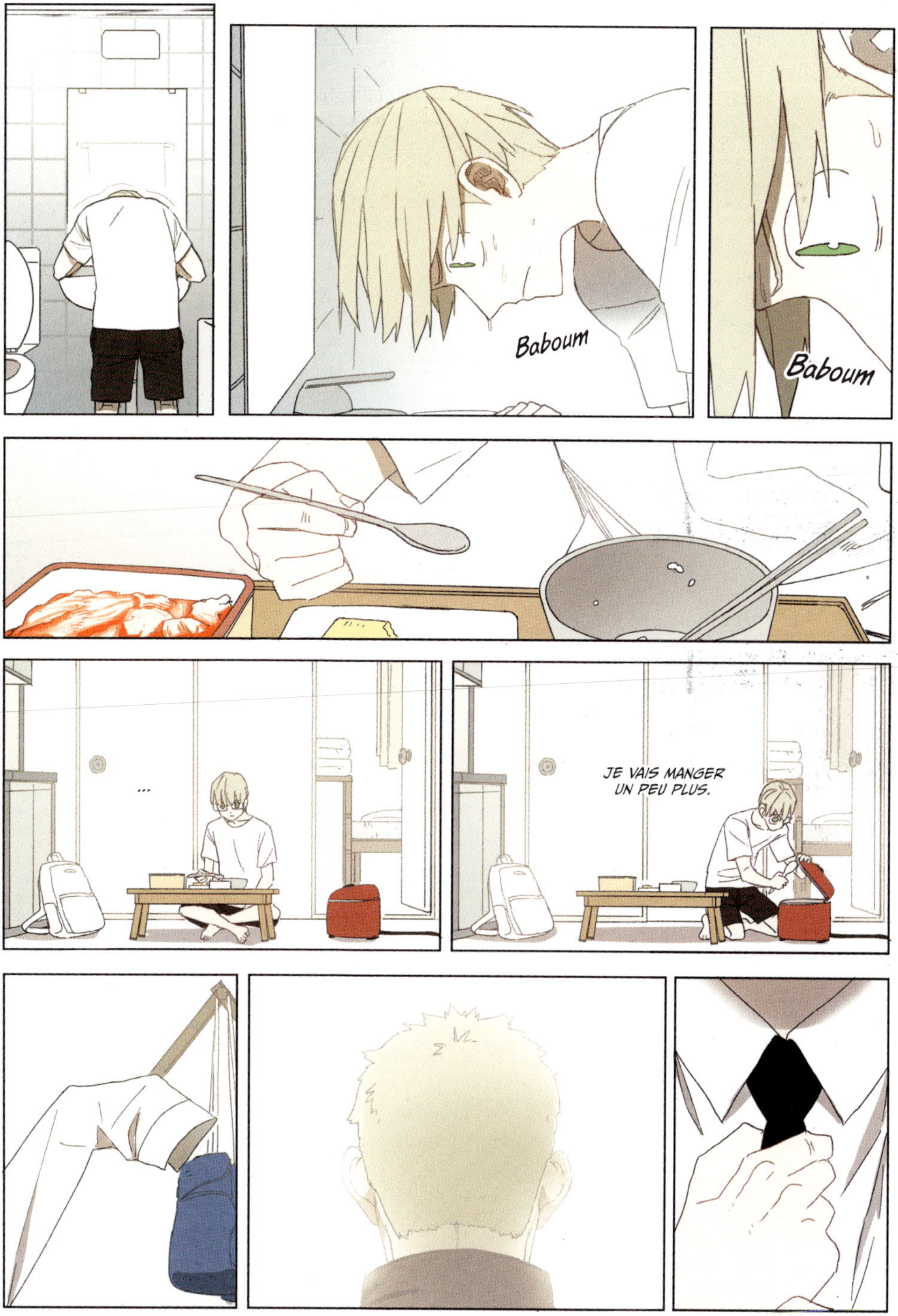
Baboum
Baboum
...
JE VAIS MANGER
UN PEU PLUS.

Baboum
Baboum
JE ME SENS TELLEMENT MIEUX DEPUIS QU'ON LUI A FOUTU UNE RACLÉE.
ILS SONT LÀ !
NE STRESSE PAS, NE STRESSE PAS !
VOUS AVEZ VU CE QUE JE VOUS AI ENVOYÉ HIER ?
OUAIS, C'ÉTAIT COMPLÈTEMENT FOU, HA HA HA.
ILS...
ILS N'ONT FAIT QUE PASSER ?

QUE S'EST-IL PASSÉ ?
YOO EST EN RETARD AUJOURD'HUI.
HÉ, ON SE REJOINT AU CYBERCAFÉ APRÈS LES COURS ?
ALLEZ, VIENS.
COMMENT... COMMENT EST-CE POSSIBLE ?

PERSONNE NE M'A EMBÊTÉ AUJOURD'HUI.
C'EST ÉTRANGE.
ILS NE PEUVENT QUAND MÊME PAS CHANGER DU JOUR AU LENDEMAIN.
JE ME SENS TELLEMENT MIEUX DEPUIS QU'ON LUI A FOUTU UNE RACLÉE.
NON...

HÉ, MEC, CE N'EST PAS LE MOMENT DE DORMIR.
TU AURAIS DÛ AMENER L'ARGENT.
ALLEZ, CONNARD, RÉVEILLE-TOI. LA LEÇON N'EST PAS TERMINÉE.

OUAIS, TIENS-LE.
DROITE !
DROITE... GAUCHE...
JAB ! JAB !
Ha ha ha
ALORS ? J'AI LA BONNE POSI-TION ?
NON, TES HANCHES DOIVENT SUIVRE LE MOUVEMENT DE TES COUPS.
OH, MES HANCHES !

ÇA SUFFIT !

J'AI...
J'AI RÉUSSI À LE DIRE.
QU'EST-CE QU'IL FOUT ?
Baboum
C'EST... C'EST LA RÉALITÉ ?
UN COMBAT, POUR DE VRAI.
JE L'AI DIT.
Baboum
JE L'AI DIT... ?
Baboum
POURQUOI ?

J'AI LA TÊTE QUI TOURNE.
MAIS QU'EST-CE QUI M'A PRIS ?
JE DEVRAIS VITE M'EXCUSER.
JE VAIS VOMIR.
J'AI PEUR.
JE DOIS M'ENFUIR !
J'AI PEUR.
NON.
ME BATTRE ?
NON.
JE NE PEUX PAS REVENIR EN ARRIÈRE !
MAIS REPRENDS-TOI ! JE NE PEUX FAIRE DEMI-TOUR.
HA HA HA, TU FAIS TELLEMENT PEUR.
COMBIEN DE FOIS EST-CE QUE J'AI IMAGINÉ CETTE SITUATION ET ME LE SUIS PROMIS ?!
Baboum
C'EST MAINTENANT.
Baboum

NON MAIS REGARDEZ-LE PRENDRE LA POSE.

CALME-TOI.
CALME-TOI.
ÇA Y EST, ON NE L'A PAS TAPÉ DEPUIS QUELQUES JOURS ET IL A PERDU LA TÊTE.
TU DOIS DÉTENDRE TES MAINS ET TES ÉPAULES. ELLES DOIVENT ÊTRE ALIGNÉES À TES PIEDS.
QUAND TU AVANCERAS, DONNE UN JAB DU GAUCHE.
Jab !
METS TOUT TON POIDS DANS TA JAMBE DE DEVANT POUR ENSUITE BOUGER TA TAILLE ET...
DONNER UN DIRECT DU DROIT.

*NDT : UN COUP DE POING DIRECT.

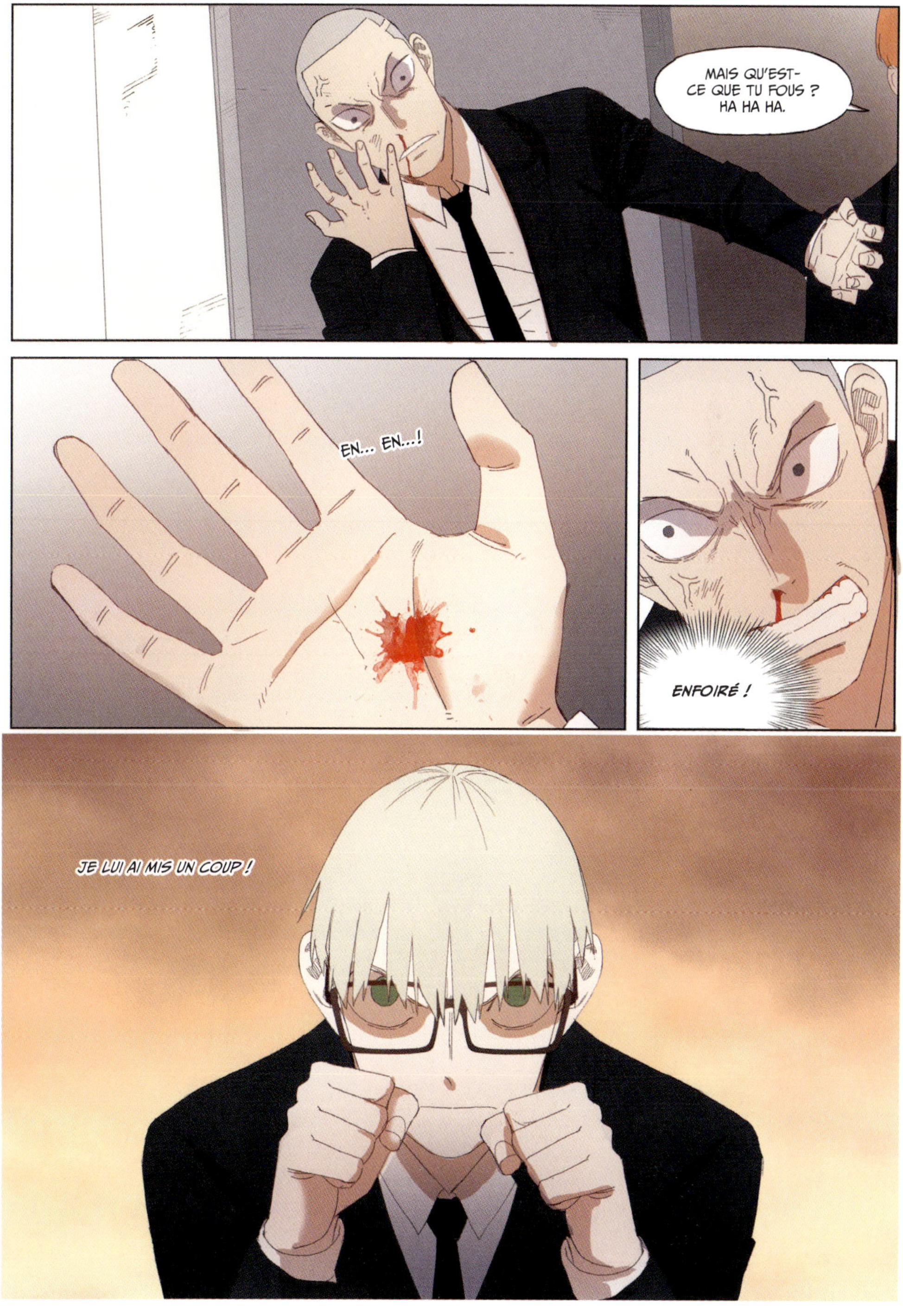
MAIS QU'EST-CE QUE TU FOUS ? HA HA HA.
EN... EN...!
ENFOIRÉ !
JE LUI AI MIS UN COUP !

Fft
Grr
TU NE ME FAIS PLUS PEUR !
QUEL ENFOIRÉ...
QUELLE ORDURE !!!
LAISSE.

SI TU NE VEUX PAS QUE JE TE TUE.
O... OK...
NOTRE PETIT IN-JAE AURAIT-IL APPRIS LA BOXE ?
Fft
Baboum
Baboum
MAINTENANT QUE LE FAIBLE EST K.O, C'EST AU TOUR DU BOSS.
AAH, PUTAIN.

TU VEUX TE MESURER À MOI ?
C'EST POUR DE VRAI MAINTENANT !

CHAPITRE 6 – UN COMBAT DIFFICILE

Baboum
Baboum
DÉTENDS-TOI, FAIS JUSTE CE QUE TU AVAIS PRÉVU !
JE NE POURRAI JAMAIS GAGNER EN RESTANT HONNÊTE.
BAH ALORS, IN-JAE, JE SUIS JUSTE DEVANT TOI.
TU NE ME TAPES PAS ?
MON SEUL ESPOIR POUR M'EN SORTIR...
DES COUPS COURTS ET RAPIDES !
Vouh

J'ENCHAÎNE LES COUPS POUR LE DÉSTABILISER !
SI JE RÉUSSIS À LE TOUCHER NE SERAIT-CE QU'UNE FOIS...
JE POURRAIS LE VAINCRE !
OH OH OH

ALLEZ !
PRENDS UN COUP !!!
MAIS ALLEZ...!!!
ARF, J'AI DU MAL À RESPI...!

LE PREMIER COUP.

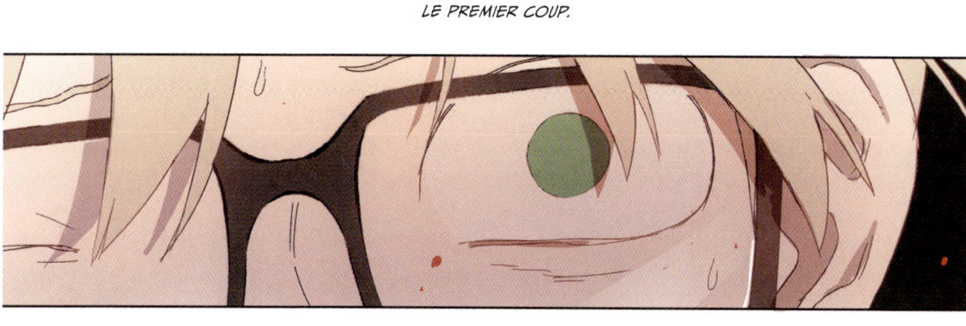

IL PERMET DE FAIRE COMPRENDRE À SON ADVERSAIRE LA FORCE QUE L'ON A.

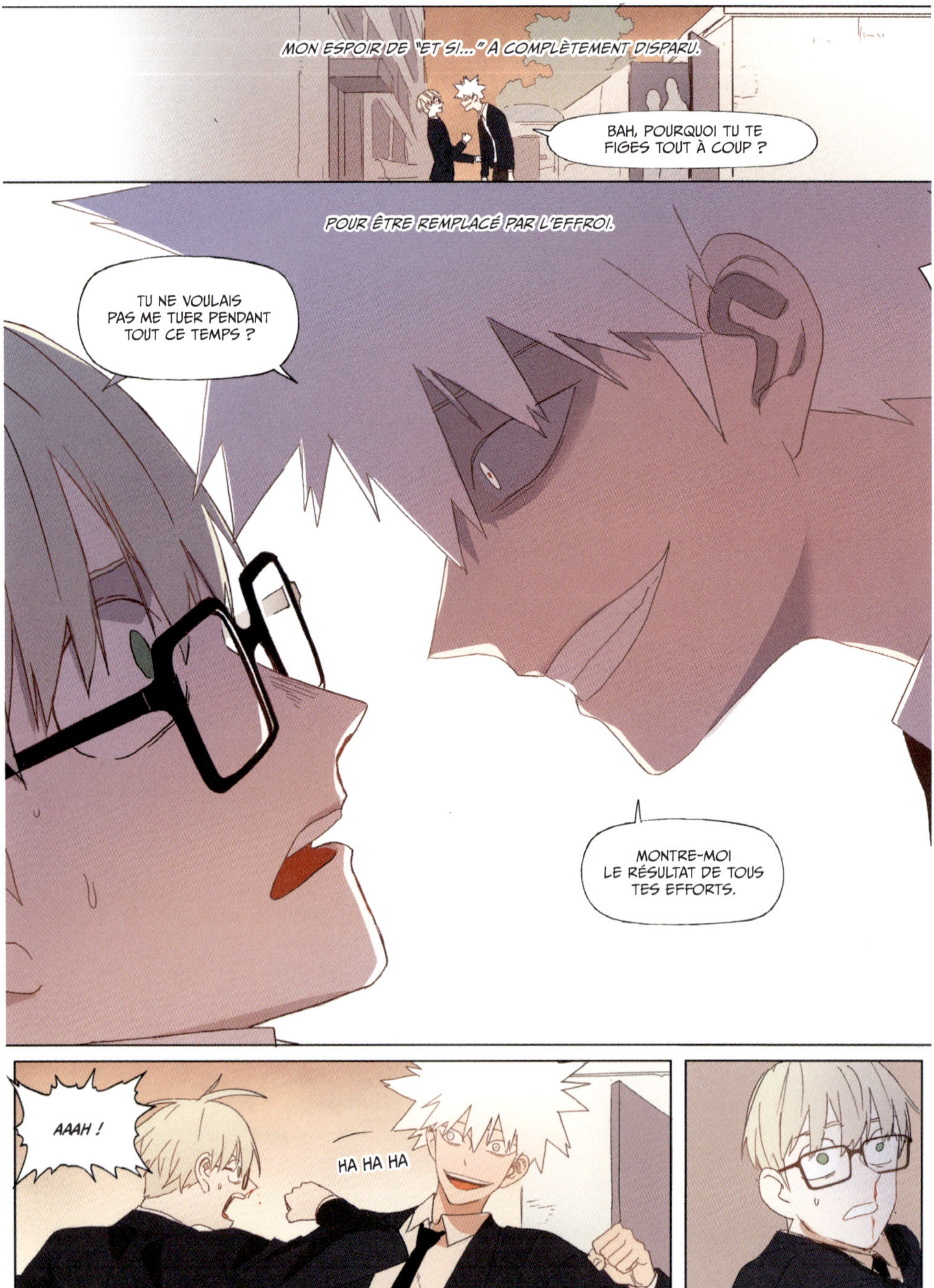
MON ESPOIR DE "ET SI..." A COMPLÈTEMENT DISPARU.
BAH, POURQUOI TU TE FIGES TOUT À COUP ?
POUR ÊTRE REMPLACÉ PAR L'EFFROI.
TU NE VOULAIS PAS ME TUER PENDANT TOUT CE TEMPS ?
MONTRE-MOI LE RÉSULTAT DE TOUS TES EFFORTS.
AAAH !
HA HA HA

BAM

HÉ.
IL...
EST D'UN TOUT AUTRE NIVEAU.
JE T'AI À PEINE TOUCHÉ, POURQUOI EN FAIRE TOUT UN CIRQUE ?
Haf
Haf

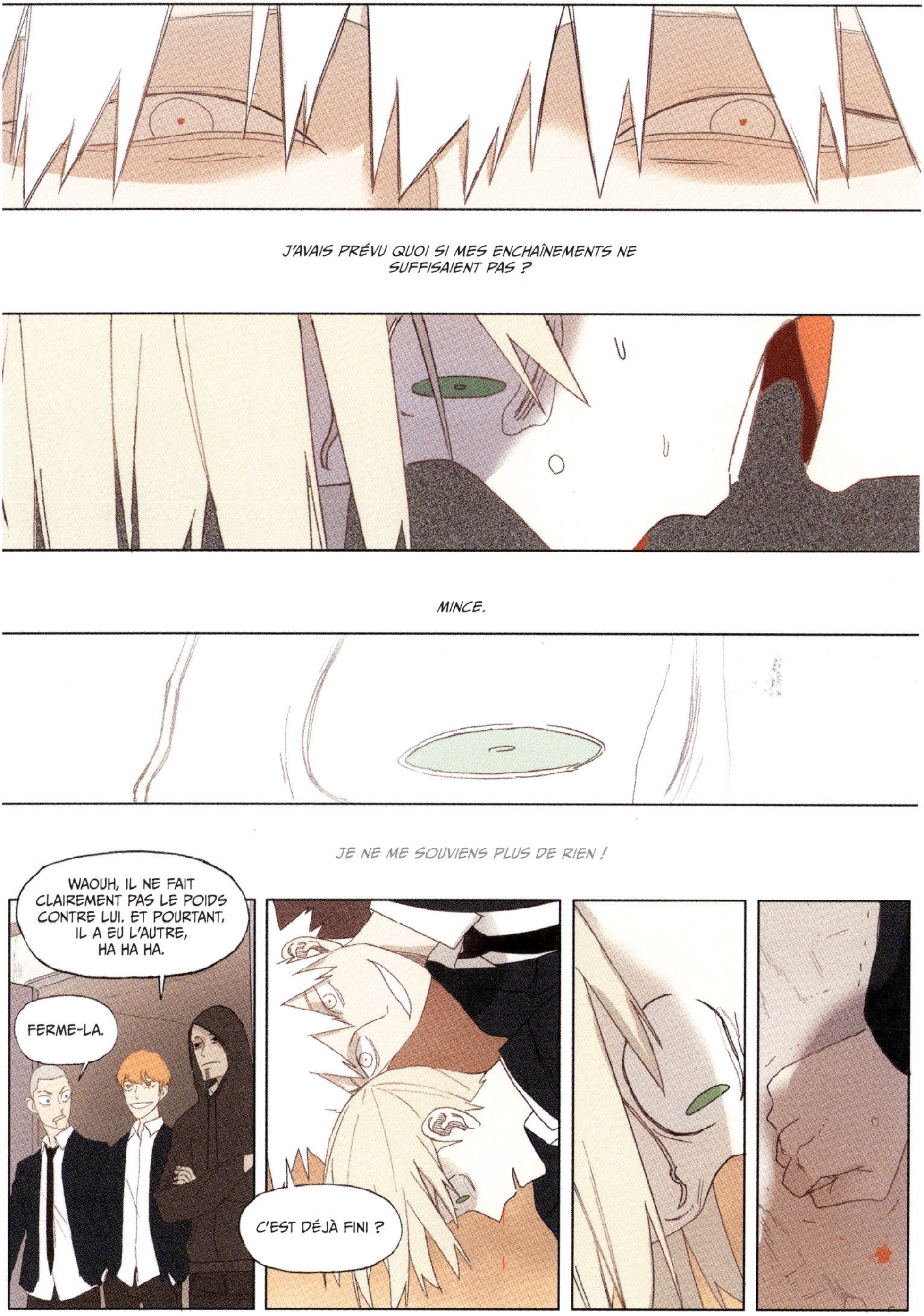
J'AVAIS PRÉVU QUOI SI MES ENCHAÎNEMENTS NE SUFFISAIENT PAS ?
MINCE.
JE NE ME SOUVIENS PLUS DE RIEN !
WAOUH, IL NE FAIT CLAIREMENT PAS LE POIDS CONTRE LUI. ET POURTANT, IL A EU L'AUTRE, HA HA HA.
FERME-LA.
C'EST DÉJÀ FINI ?

OH, OH ! IL SE LÈVE !
OUI, CE N'EST PAS MARRANT SINON.
Haf
Haf
JE VAIS ME DÉFENDRE. JE VAIS TENIR MA GARDE ET ENCAISSER SES COUPS.
SI J'ARRIVE À TENIR LE CHOC, IL FINIRA PAR SE FATIGUER À UN MOMENT OU À UN AUTRE. CE SERA MA SEULE ET UNIQUE CHANCE.
OH, J'ADORE TON REGARD.
DEUXIÈME ROUND.
Tchac

C'EST PARTI !
D'UNE MAIN ? NE TE FAIS PAS AVOIR. C'EST PLUS FACILE POUR MOI D'ARRÊTER SES COUPS S'IL M'ATTAQUE D'UNE MAIN.
HM ? TU NE M'ATTAQUES PAS ?
HM
BAM

QUAND IL Y A UNE PETITE FAILLE, LE POING PASSE TOUJOURS !
JE DOIS SOLIDIFIER MA GARDE !
OH OH
Zoup Zoup Zoup Zoup
URGH, SES COUPS ME DONNENT L'IMPRESSION D'ÊTRE POIGNARDÉ !
TIENS BON ! APRÈS TOUT, JE SUIS HABITUÉ À RECEVOIR DES COUPS !

BAM
Kof Kof
Kof
AH, JE SUIS HEUREUX.
AUTOMATIQUEMENT, SOUS SES COUPS, J'AI RELEVÉ MA GARDE, ALORS IL M'A FRAPPÉ AU CORPS.
C'ÉTAIT DONC CE QU'IL VOULAIT FAIRE.
JE DOIS VRAIMENT...
BLOQUER SES ATTAQUES !

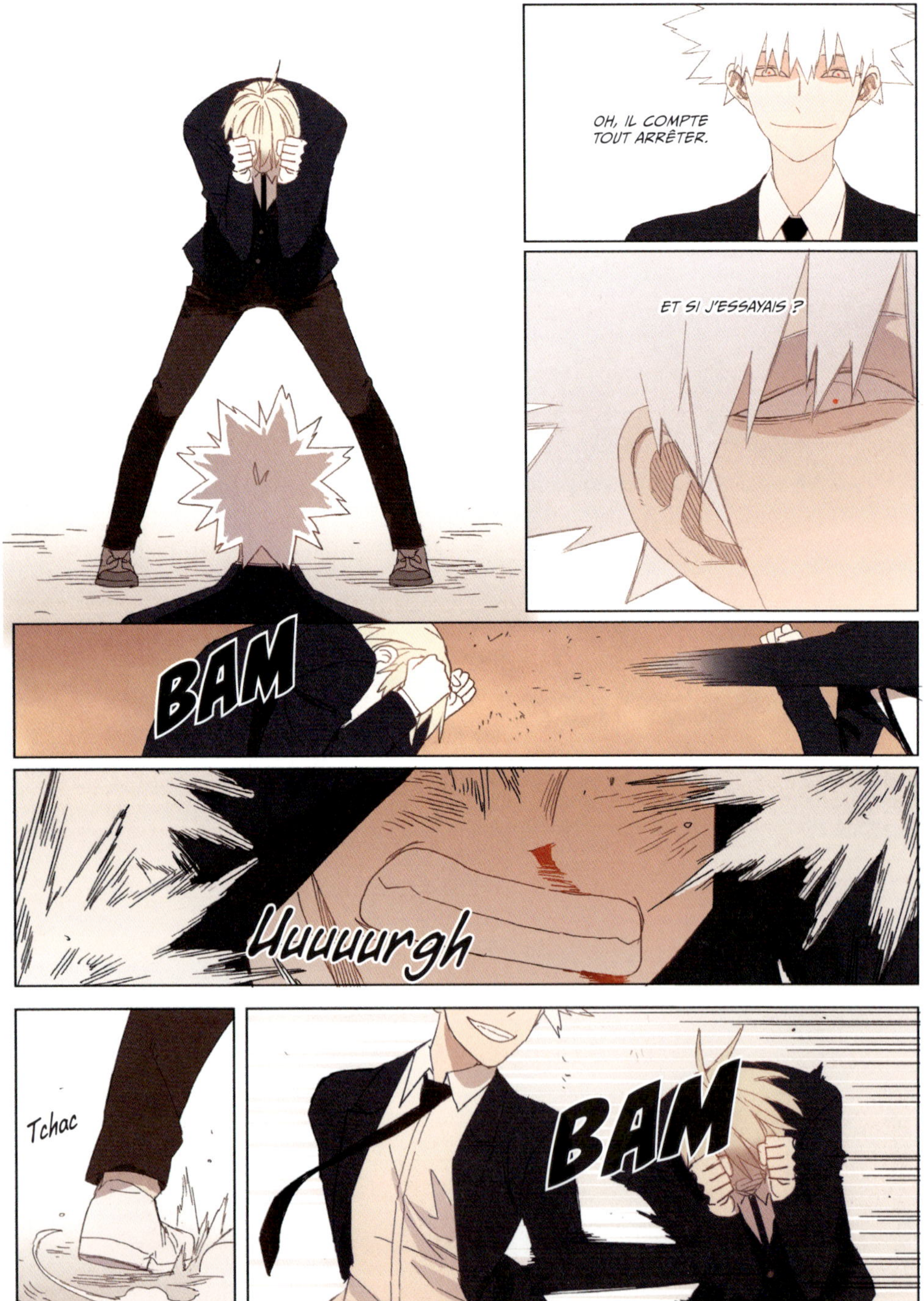
OH, IL COMPTE
TOUT ARRÊTER.
ET SI J'ESSAYAIS ?
BAM
Uuuuuurgh
Tchac
BAM

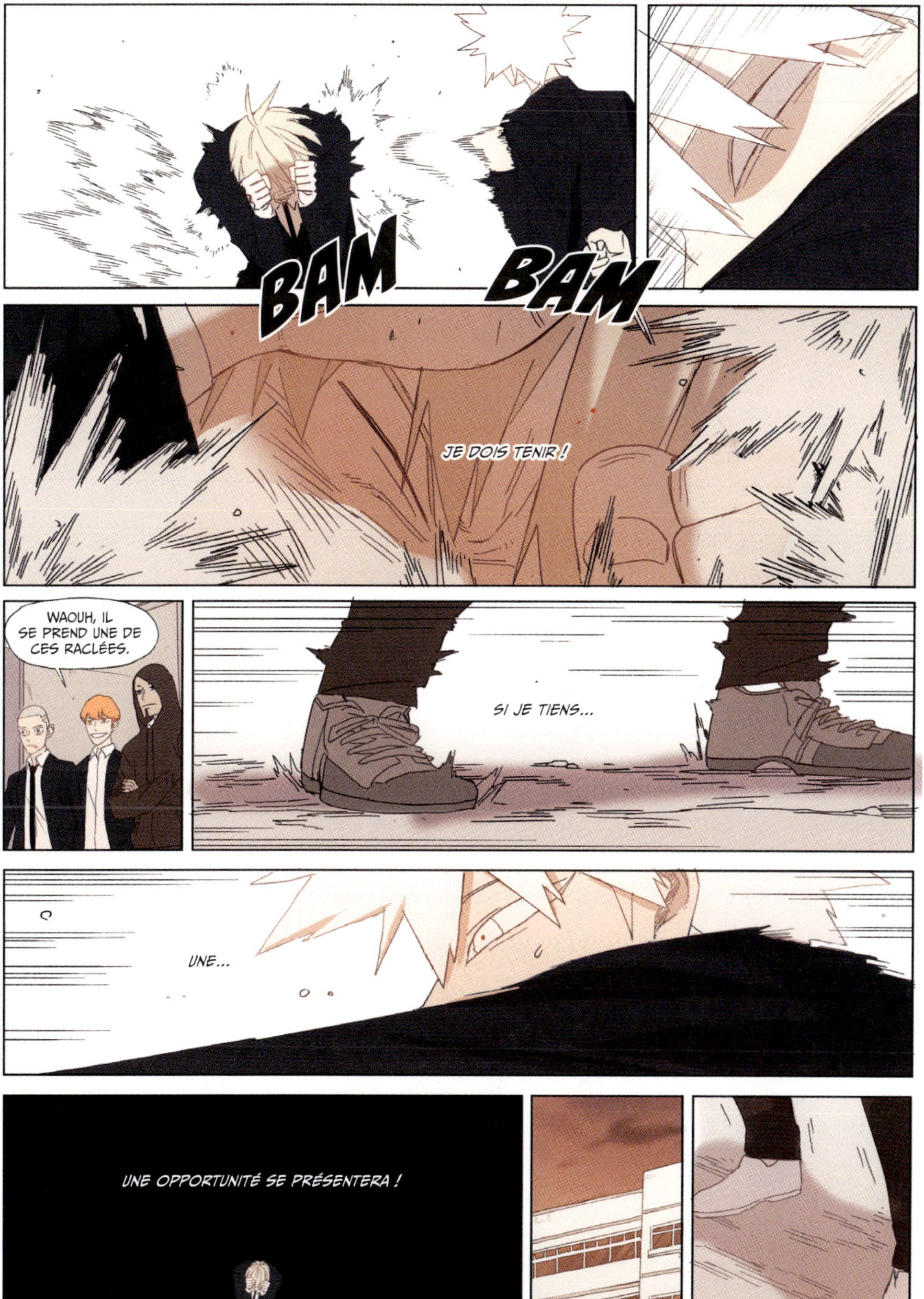
BAM BAM
JE DOIS TENIR !
WAOUH, IL SE PREND UNE DE CES RACLÉES.
SI JE TIENS...
UNE...
UNE OPPORTUNITÉ SE PRÉSENTERA !

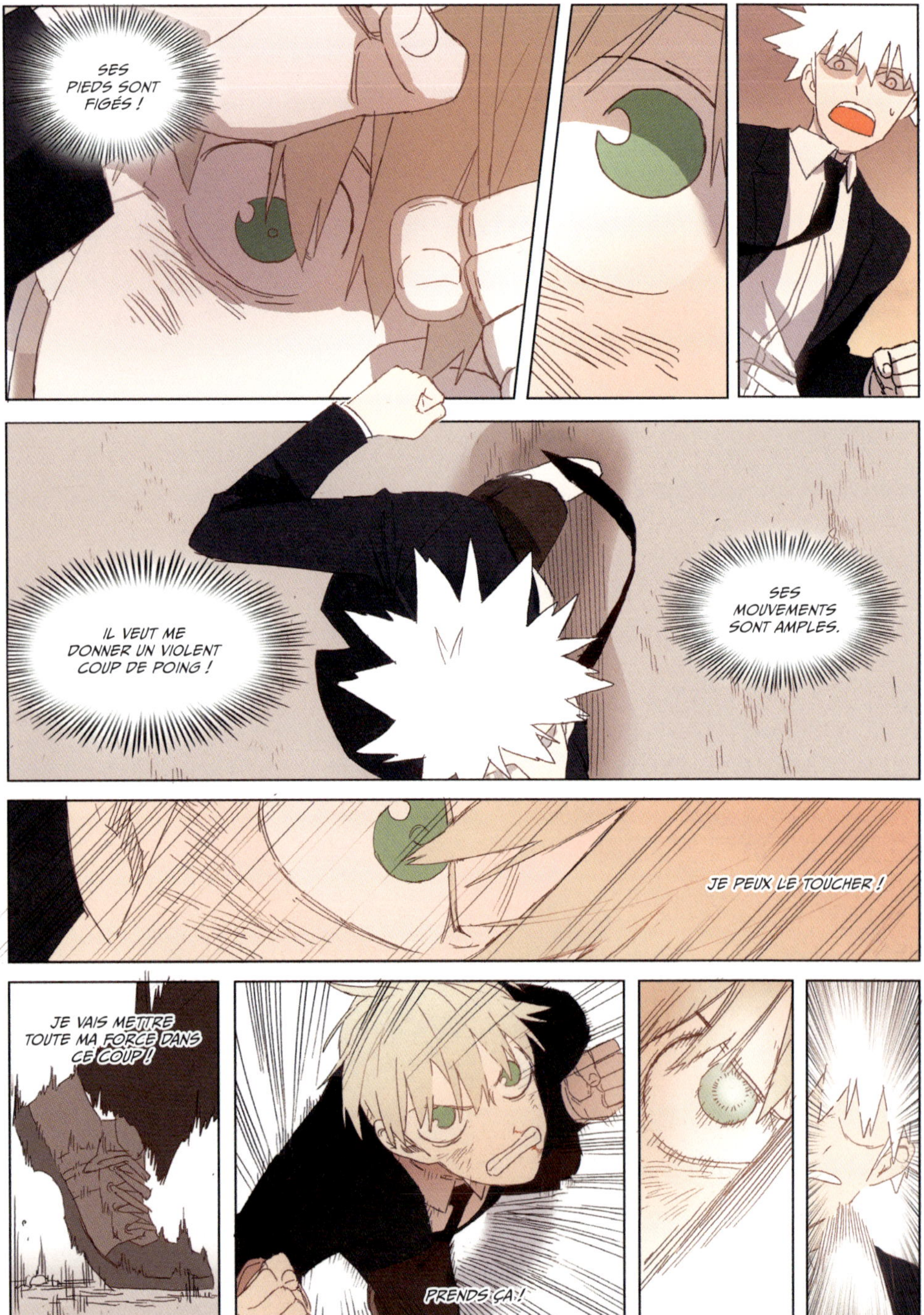
SES PIEDS SONT FIGÉS !
IL VEUT ME DONNER UN VIOLENT COUP DE POING !
SES MOUVEMENTS SONT AMPLES.
JE PEUX LE TOUCHER !
JE VAIS METTRE TOUTE MA FORCE DANS CE COUP !
PRENDS ÇA !

BOUM

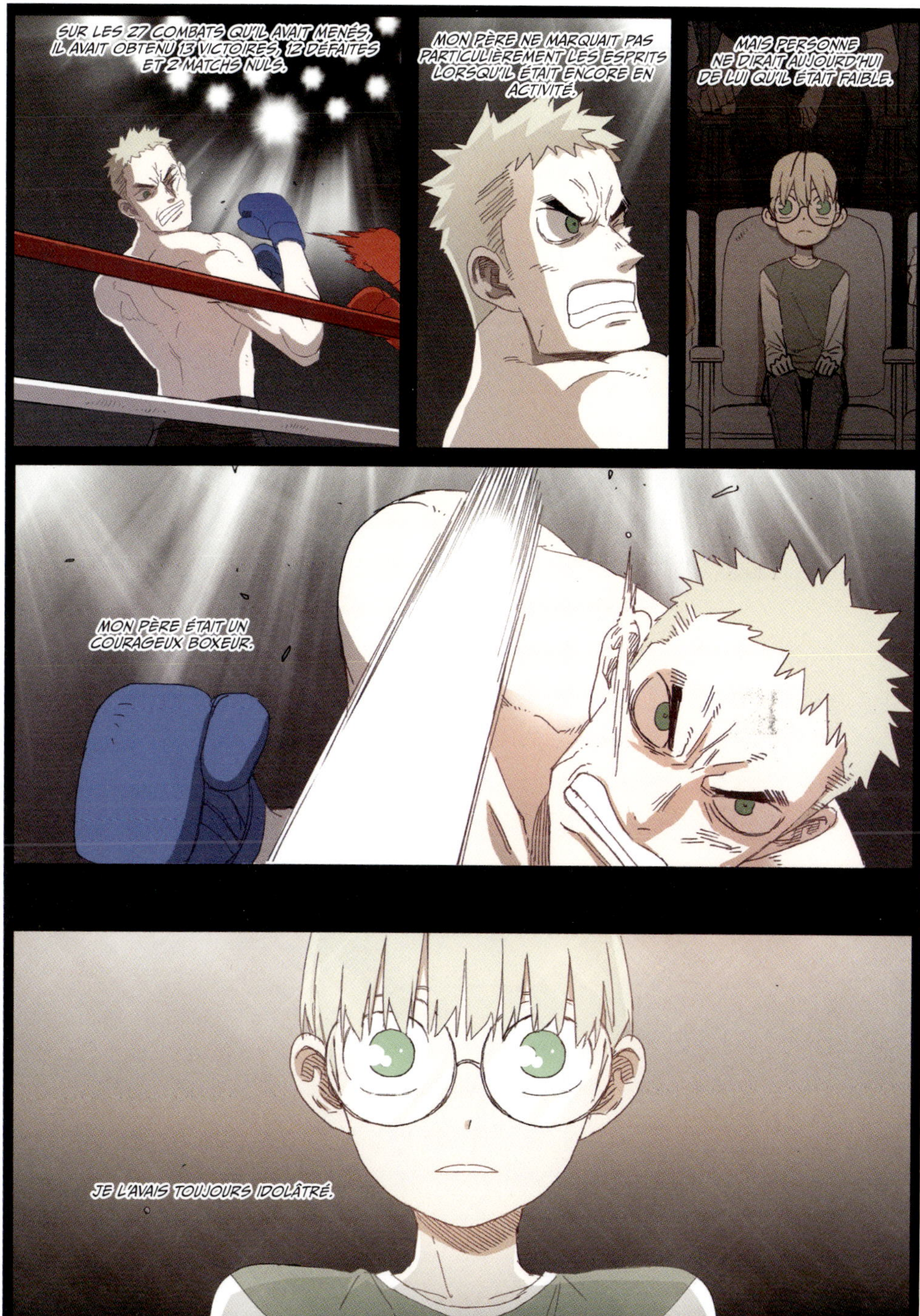
SUR LES 27 COMBATS QU'IL AVAIT MENÉS, IL AVAIT OBTENU 13 VICTOIRES, 12 DÉFAITES ET 2 MATCHS NULS.
MON PÈRE NE MARQUAIT PAS PARTICULIÈREMENT LES ESPRITS LORSQU'IL ÉTAIT ENCORE EN ACTIVITÉ.
MAIS PERSONNE NE DIRAIT AUJOURD'HUI DE LUI QU'IL ÉTAIT FAIBLE.
MON PÈRE ÉTAIT UN COURAGEUX BOXEUR.
JE L'AVAIS TOUJOURS IDOLÂTRÉ.

Fiou
COURAGE !

THE BOXER

CHAPITRE 7 - UNE PERSONNE FORTE

WAOUH, ABUSÉ, TU AS VU ÇA ?
IL EST MORT.
J'AI LA TÊTE LOURDE. QUE S'EST-IL PASSÉ ?
EST-CE LA TERRE QUI TOURNE ?
OÙ EST LE HAUT, OÙ EST LE BAS ?
JE DOIS ME LEVER.

TOUT SUPPORTER.
JUSQU'À CE QU'IL SE FATIGUE ET MONTRE UNE FAILLE POUR...
ENSUITE TOUT DONNER DANS UN SEUL COUP !
C'ÉTAIT CE QUE TU VOULAIS FAIRE, PAS VRAI ?

C'EST TELLEMENT ÉVIDENT.
ESPÈCE DE BÂTARD.
REPRENDS-TOI ! CE N'EST PAS TERMINÉ !

JE PEUX CONTINUER !!!
AAH !
Tchac
Zoup

CLAC

CLAC

Haf
Haf
TU AS APPRIS LA BOXE, TOI.
MAIS EN RESTANT ALLONGÉ, ON NE FAIT QUE SIGNER NOTRE ARRÊT DE MORT EN TANT QUE BOXEUR.

MÊME SI ON SAIT QUE LES SPECTATEURS VONT SE MOQUER DE NOUS POUR AVOIR PRIS AUTANT DE COUPS ET...
QU'ON NE PEUT PLUS RIEN FAIRE, ON FINIT PAR SE RELEVER.
C'ÉTAIT PAS SI MAL, CE COMBAT.
JE NE M'EN PRENDRAI PLUS À TOI. NE ME FAIS PLUS JAMAIS CHIER.
ATTENDS.

C'EST LA DÉFINITION MÊME D'UN BOXEUR !
Haf
CE... CE N'EST PAS FINI !
Haf
WAOUH, IL EST COMPLÈTEMENT FOU.
IL VEUT VRAIMENT MOURIR.

Fwit

Bam
Bam
Bam
Bam
IL VA FINIR PAR Y RESTER, NON ?
QU'IL CRÈVE.

Haf
JE T'AVAIS BIEN DIT DE NE PAS ME FAIRE CHIER, NON ?
Haf
LES CONNARDS DANS TON GENRE REPRENNENT LEUR ESPRIT EN SE FAISANT TAPER.
COMMENT UN TARÉ COMME TOI OSE S'OPPOSER À MOI ?!
TU PENSAIS POUVOIR GAGNER EN APPRENANT LA BOXE ?
JE NE SAIS PAS QUI T'A ENSEIGNÉ ÇA MAIS PEU IMPORTE CE QU'UN CRÉTIN FAIT, IL RESTE UN CRÉTIN.
Haf
Haf
NON.

JE N'AI JAMAIS PENSÉ QUE JE POURRAIS...
GAGNER.
QUOI ?
TU NE COMPRENDS PAS, IMBÉCILE ?!
Kof
Kof
JE NE SUIS PLUS CELUI QUE J'ÉTAIS AVANT !
J'AI DÉJÀ RÉUSSI !
TOI ET TON ÉGO DE "JE SUIS LE MEILLEUR EN COMBAT, ET CE...
DANS TOUTE LA RÉGION". ÇA N'A AUCUN INTÉRÊT.
ALLEZ TOUS VOUS FAIRE FOUTRE.

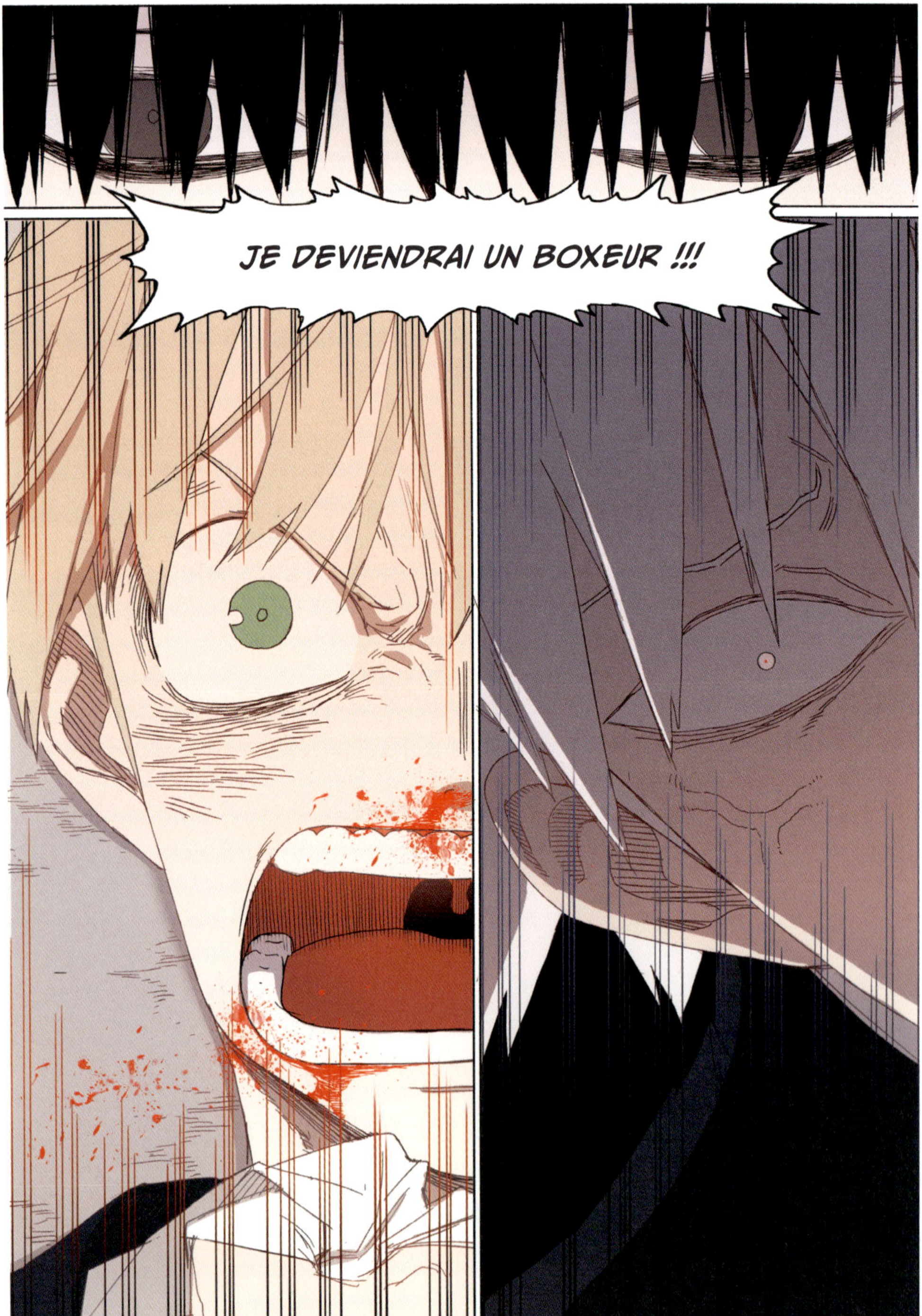
JE DEVIENDRAI UN BOXEUR !!!

EN... ENFOIRÉ !
C'EST SANS INTÉRÊT ?
LÀ AUSSI, ÇA NE T'INTÉRESSE PAS, ENFOIRÉ ?
ÇA NE T'INTÉRESSE PAS, HEIN ?!

ÇA T'AMUSE ?
ÇA T'AMUSE DE...

TAPER LES GENS ?

CHAPITRE 8 - L'ÉVOLUTION

PRO... PROFESSEUR...
BOKE
POURQUOI LUI AVOIR FAIT ÇA ?
QUE PENSES-TU DU SIXIÈME SENS ?
PARDON ?

JE ME SUIS TOUJOURS FIÉ À MON SIXIÈME SENS POUR TOUS LES BOXEURS QUE J'AI FORMÉS.
PUISQU'IL ME DISAIT QU'ILS FINIRAIENT TOUS PAR CONQUÉRIR LE MONDE !
J'AI RESSENTI UN PEU LA MÊME CHOSE EN VOYANT BAEK-SAN.
MAIS...
L'ADOLESCENT DE TOUT À L'HEURE.
C'EST LA PREMIÈRE FOIS QUE JE RESSENS ÇA.

LA PREMIÈRE FOIS...?
MAIS DE QUOI PARLEZ-VOUS ?!

QU'EST-CE QUI SE PASSE AUJOURD'HUI ? ILS ONT TOUS PERDU LA TÊTE.
HÉ, JE SUIS VRAIMENT DE MAUVAISE HUMEUR, ALORS SOIS SAGE ET...
CE QUE J'AI RESSENTI ?
C'EST UN
BAM

BOUM

UNE TELLE TERREUR...
QUE J'EN AI EU DES FRISSONS.

ORDURE...!
Boum
Boum

Boum
AAAAAAAH.
UNE... UNE TERREUR...!
OUI, TU NE CONNAIS PAS ?

EN LE VOYANT...
HA HA HA ! J'EN TREMBLE ENCORE !
CE VISAGE.
CE REGARD.

IL S'ENNUIE EN ATTENDANT DE SE PRENDRE LES COUPS.

PARDON...?

EST-CE POSSIBLE DE S'ENNUYER LORSQU'ON NOUS FRAPPE ?
C'EST IMPOSSIBLE, BIEN SÛR !!!
C'EST POUR ÇA QU'IL ME FALLAIT ESSAYER !
UN COUP DE POING QUI AURAIT PU LE TUER S'IL NE L'AVAIT PAS ÉVITÉ.

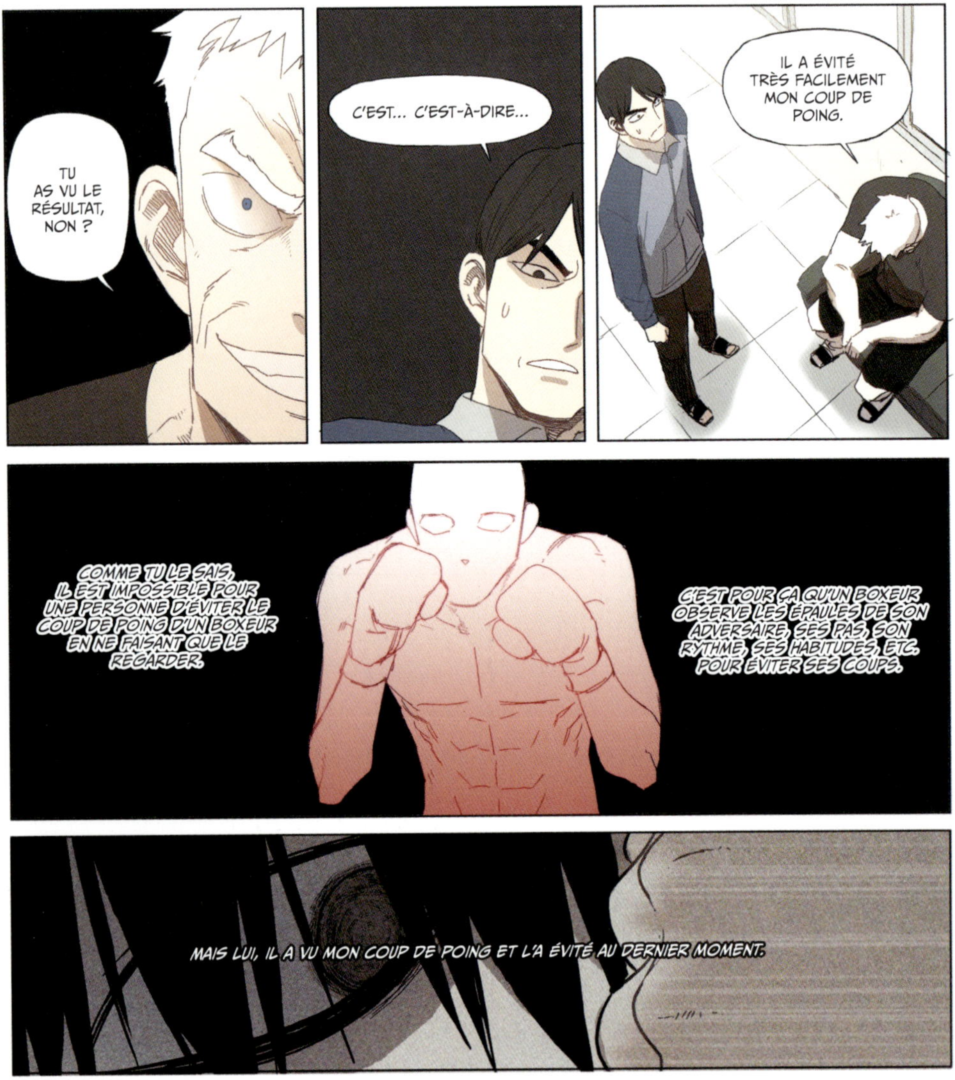

CE N'ÉTAIT PAS PAR INSTINCT ANIMAL OU PAR PUR HASARD.

C'EST COMME SI ON S'ÉTAIT ENTRAÎNÉS EN AMONT ET QU'IL AVAIT PU ÉVITER NATURELLEMENT MES COUPS !!!

TU SAIS CE QUE
ÇA VEUT DIRE ?
J'AI VU BEAUCOUP DE PRODIGES
JUSQU'À PRÉSENT MAIS...

JAMAIS UN COMME LUI.

Baboum
Baboum
MAIS C'EST QUOI CETTE TENSION ?
QU'EST-CE QU'IL REGARDE AVEC SES YEUX DÉTESTABLES ?
JE VAIS LE TUER !

Fft
Bam

CE N'EST PAS QUE GRÂCE À SA RÉACTIVITÉ !
AAAAAA AAAAAH
MON VISAGE !!!
MON VISAGE !!!
POUR QU'IL PUISSE ÉVITER UN COUP AU DERNIER MOMENT...
C'EST QU'IL A UNE AUTRE PERCEPTION DE L'ÉCOULEMENT DU TEMPS.
Haf
Haf
EST-CE QU'IL... EST-CE QU'IL EST TOUJOURS LÀ...?
TU VOIS OÙ JE VEUX EN VENIR ?
Huuuuh
CE N'EST PAS QUELQU'UN QUE L'ON PEUT JUSTE QUALIFIER DE PRODIGE.

C'EST UN MONSTRE...
QUI DÉPASSE...

L'ESPÈCE HUMAINE.

CHAPITRE 9 - LES PERSONNES FAIBLES

DES QUESTIONNEMENTS...
C'ÉTAIT LA PREMIÈRE FOIS QUE J'EN AVAIS.
POURQUOI EST-CE QU'IL N'ÉVITAIT PAS ?
POURQUOI EST-CE QU'IL NE TAPAIT PAS DE LÀ OÙ IL ÉTAIT ?
POURQUOI EST-CE QU'IL MESURAIT SES COUPS ?
POURQUOI...
IL NE M'A PAS FALLU BEAUCOUP DE TEMPS...
POUR RÉPONDRE À TOUTES CES QUESTIONS.

Paf
LES RÉPONSES ÉTAIENT SIMPLES.
CE N'ÉTAIT PAS LES AUTRES QUI ÉTAIENT FAIBLES, C'ÉTAIT JUSTE MOI QUI ÉTAIS FORT.

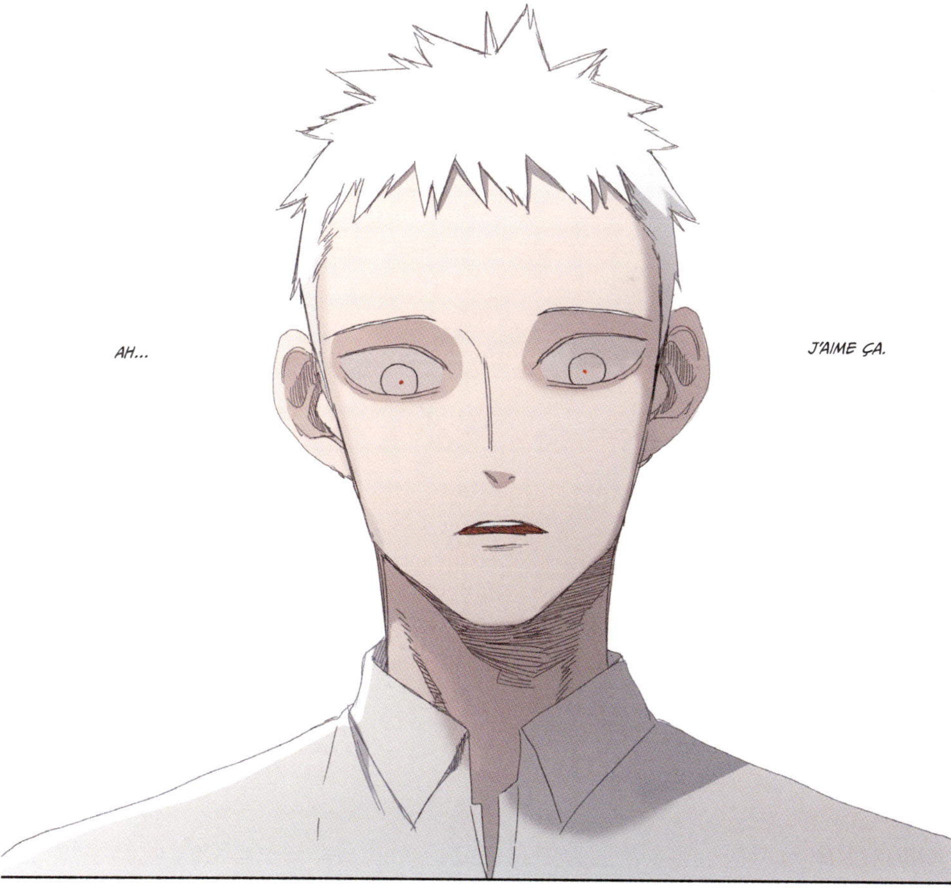
AH...
J'AIME ÇA.

JE N'AI FAIT
QUE ME BATTRE
PAR LA SUITE.
FAITES-MOI RÊVER !
AYEZ PEUR DE MOI !
ENCORE...!
FAITES-MOI RESSENTIR ENCORE ET ENCORE CE SENTIMENT DE SUPRÉMATIE !
J'ÉTAIS DEVENU UNE RÉFÉRENCE DANS LE PAYS.
POUR LE COMBAT...

QUAND JE ME RETROUVAIS CONFRONTÉ...
AUX IMBÉCILES QUI VENAIENT PROUVER QU'ILS ÉTAIENT SUPÉRIEURS...
MON CŒUR BATTAIT D'EXCITATION.
QUAND JE GAGNAIS CONTRE CES IMBÉCILES, J'ÉPROUVAIS UN GRAND PLAISIR.

JE POUVAIS VOIR...
LEUR FORCE...
À QUEL POINT J'ÉTAIS GRAND...
TOUT ÉTAIT CLAIR !

THE BOXER

OUI ! J'ÉTAIS UN HUMAIN SPÉCIAL QUI...

AVAIT ÉTÉ CHOISI !

Haf
Haf

QU'EST-CE QUI VIENT DE ME FRAPPER ? UN JAB ?
J'AI CRU QU'IL M'AVAIT ARRACHÉ LE VISAGE.
C'EST POSSIBLE, UN COUP PAREIL ?

N... NON, C'EST IMPOSSIBLE.
C'EST MOI QUI AI ÉTÉ CHOISI.
L'ENTRAÎNEUR A MÊME VALIDÉ QUE JE FAISAIS PARTIE DE CETTE MINORITÉ DE PRODIGES !
AH... J'AI TELLEMENT HONTE DE L'ERREUR QUE J'AI COMMISE.
C'ÉTAIT SOIT UNE ERREUR, SOIT UNE PUTAIN DE COÏNCIDENCE.
IL M'A TELLEMENT HUMILIÉ !
JE DOIS LE TUER !
JE DOIS RETROUVER MON RYTHME, DOUCEMENT ET LIBREMENT.
Tchac
Tchac

JE VAIS TOUT DONNER !!!

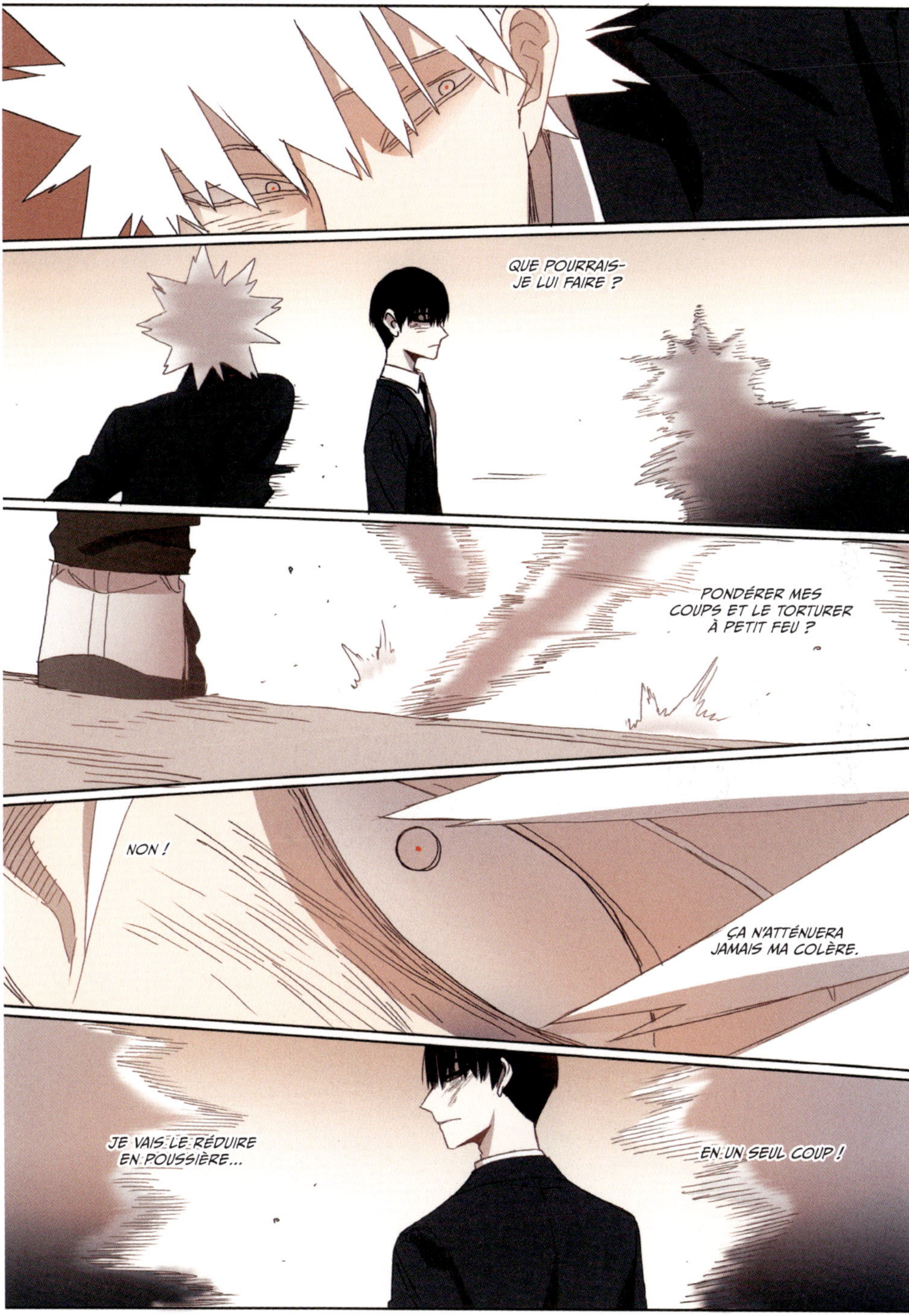
QUE POURRAIS-JE LUI FAIRE ?
PONDÉRER MES COUPS ET LE TORTURER À PETIT FEU ?
NON !
ÇA N'ATTÉNUERA JAMAIS MA COLÈRE.
JE VAIS LE RÉDUIRE EN POUSSIÈRE...
EN UN SEUL COUP !

*NDA : TECHNIQUE PERMETTANT D'ESQUIVER LE POING DE L'ADVERSAIRE EN FLÉCHISSANT SON TORSE ET SES GENOUX.

C'EST CE QU'ON APPELLE LE TALENT !!!
Fft

BOUM

OÙ SUIS-JE...?
JE NE VOIS RIEN.
OÙ...
OÙ EST CET ENFOIRÉ ?
Baboum

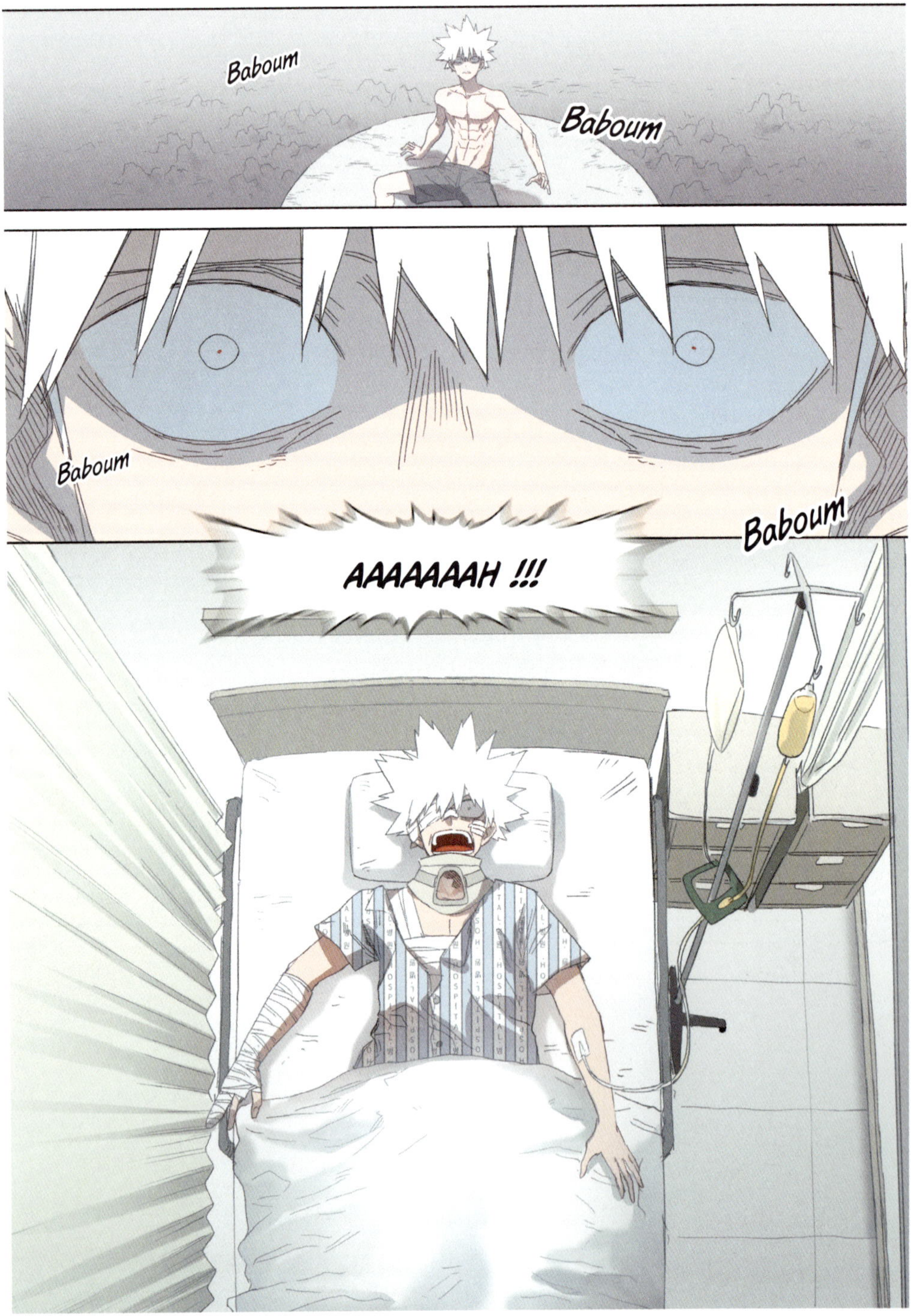
Baboum
Baboum
Baboum
Baboum
AAAAAAAH !!!

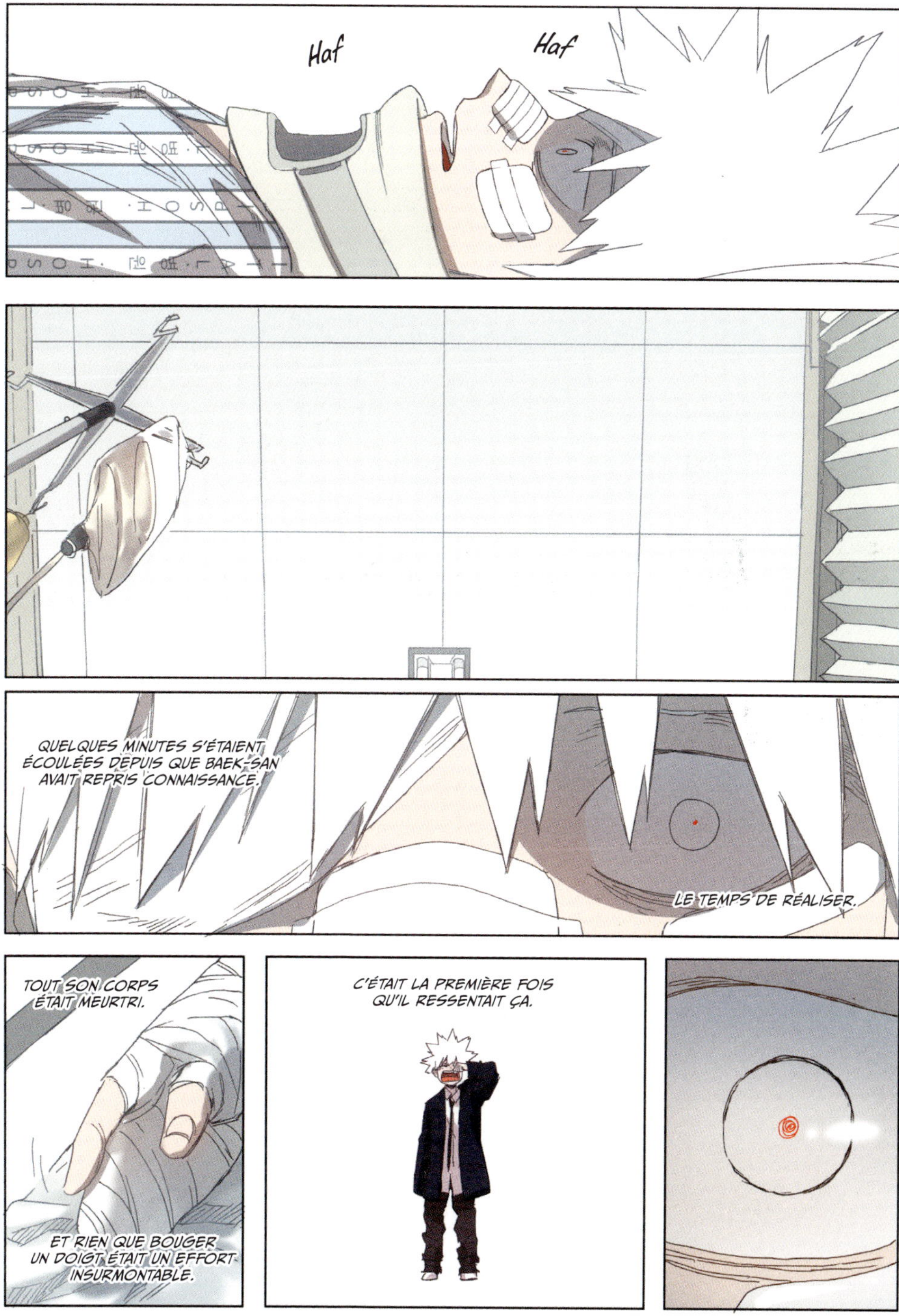
Haf
Haf
QUELQUES MINUTES S'ÉTAIENT ÉCOULÉES DEPUIS QUE BAEK-SAN AVAIT REPRIS CONNAISSANCE.
LE TEMPS DE RÉALISER.
TOUT SON CORPS ÉTAIT MEURTRI.
ET RIEN QUE BOUGER UN DOIGT ÉTAIT UN EFFORT INSURMONTABLE.
C'ÉTAIT LA PREMIÈRE FOIS QU'IL RESSENTAIT ÇA.

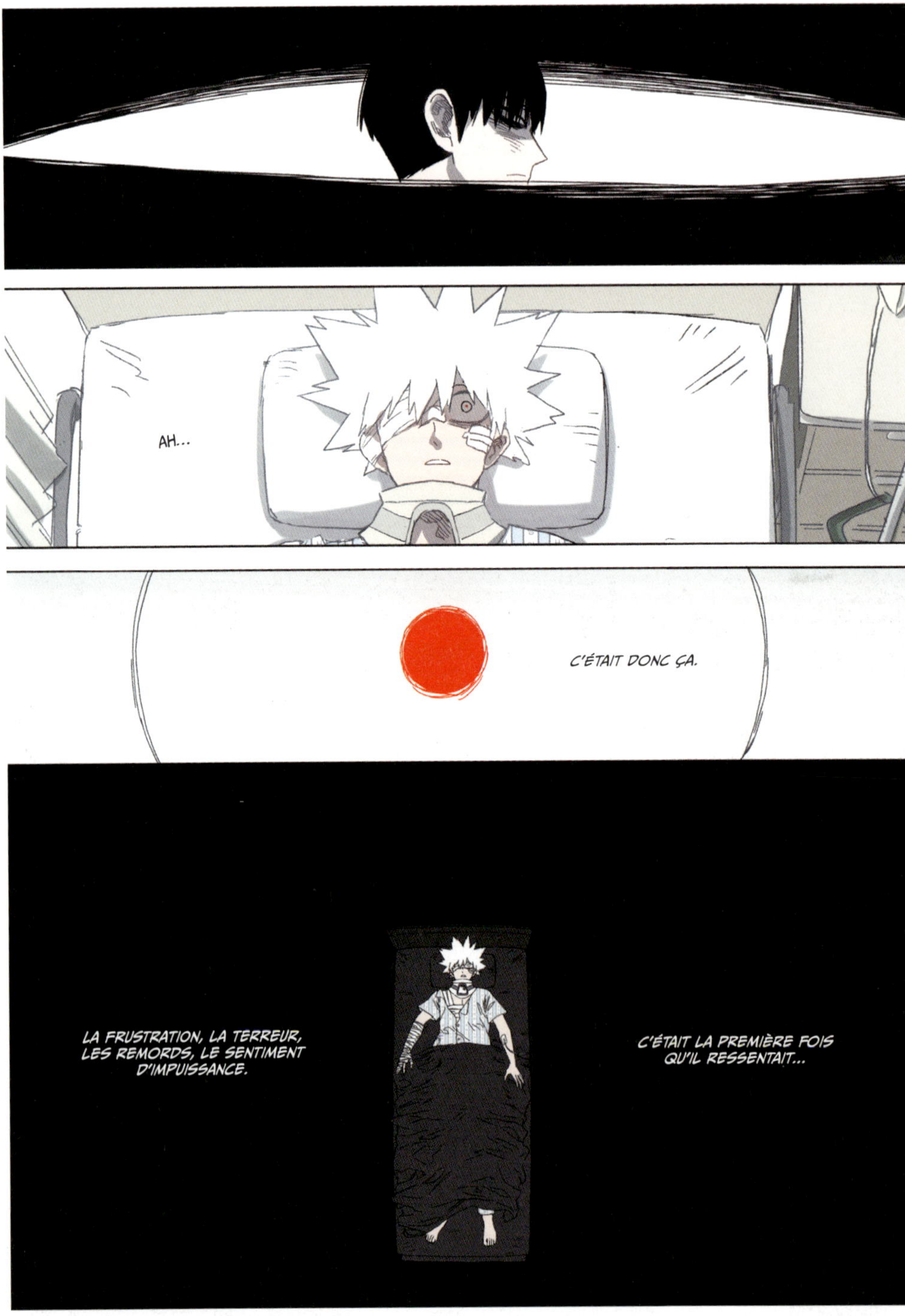
AH...
C'ÉTAIT DONC ÇA.
C'ÉTAIT LA PREMIÈRE FOIS QU'IL RESSENTAIT...
LA FRUSTRATION, LA TERREUR, LES REMORDS, LE SENTIMENT D'IMPUISSANCE.

CE SENTIMENT DE DÉFAITE.

À DIX-SEPT ANS...
Snif
Snif
Snif
CETTE PERSONNE INFORTUNÉE ET FRAGILE...

PLEURAIT COMME
UN ENFANT DE CINQ ANS.
OUIIIIIIIIIIIIIN

THE BOXER

The Boxer Vol.1

First published in Korea in 2021 by DAEWON C.I. Inc. · ULTRAMEDIA

French translation rights arranged with DAEWON C.I. Inc. · ULTRAMEDIA through Orange Agency Co., Ltd.

Directeur de collection : Benjamin Maisak
Texte et illustration : Jihun Jung
EP01 - EP53 : Pen Touch 2020
Coloring : YOO-DAM OH, JING-JING
Editing : HWA-NA-JJEONG
Adaptation française : Studio Makma
Traduction : Hyunkyu Lim
Lettrage : Bryan Wetstein
Relecture : Adeline Cast
Corrections : Bryan Wetstein

ISBN : 978-2-491-29070-2
Dépôt légal : Novembre 2022
Achevé d'imprimer